フォーミュラと外国語学習・教育

定型表現研究入門

Formulaic Sequences in Foreign Language
Learning and Education:
An Introduction

(編) 金澤 佑 KANAZAWA Yu

(著) 生馬裕子 IKUMA Yuko   杉浦香織 SUGIURA Kaori   森下美和 MORISHITA Miwa
　　 泉惠美子 IZUMI Emiko   平井 愛 HIRAI Ai   籔内 智 YABUUCHI Satoshi
　　 磯辺ゆかり ISOBE Yukari   堀 智子 HORI Tomoko   ラフラー ルイ LAFLEUR Louis
　　 門田修平 KADOTA Shuhei   松田紀子 MATSUDA Noriko
　　 里井久輝 SATOI Hisaki   三木浩平 MIKI Kohei

Kurosio

はじめに

フォーミュラへの注目

英語学習のうえで大切な要因は何だろうか。頻繁に用いられる分類法として四技能(リーディング・リスニング・ライティング・スピーキング)が挙げられるが、そのすべてを下支えする最重要要因として、語彙獲得が挙げられる。語彙獲得については応用言語学(applied linguistics)や第二言語習得(second language acquisition)等の分野で多くの研究上の知見がある(例えば 中田, 2019 を参照)。

一方で、単語帳での項目暗記学習のような単独の語彙項目の学習だけでは不十分であることが認識されるようになって久しい。心理言語学的知見や教育実践の場からは、2 語以上の語彙からなるフォーミュラ(定型表現・フォーミュラ連鎖:連語やコロケーションなどを含む)を学ぶことの重要性が指摘されている。

世界中の語彙研究者が一堂に会する Vocab@(ボキャブアット)学会でも、2016 年の Vocab@Tokyo 国際大会と 2019 年の Vocab@Leuven 国際大会を比べると、フォーミュラ研究についての発表が倍増している。さらに、2019 年の英国応用言語学会(BAAL)年次大会では最終基調講演者としてフォーミュラ研究で著名な Florence Myles 先生(University of Essex)が登壇され「Formulaicity in second language learning: Issues of conceptualisation and identification」について講演されたり(翌年には EuroSLA 学会の Distinguished Scholar Award を受賞)、フォーミュラをメインテーマとした学会や講演会(例えば SIGLEX-MWE ワークショップ)が各地で開催されたりするなど、語学教育や応用言語学関連の学術行事でフォーミュラについての発表や議論を目にする機会は多い。

第二言語習得研究の学術書の出版事情を見ても、フォーミュラ研究の最先端をまとめた『Understanding formulaic language: A second language acquisition perspective』(Siyanova-Chanturia & Pellicer-Sánchez, 2019)が出版された他、気鋭の語彙研究者たちによるハンドブック『The Routledge

handbook of vocabulary studies』（Webb（Ed.）, 2019）のうち実に8章分が
もっぱらフォーミュラ関連の記述に充てられている（巻末の「フォーミュラ
の基本文献紹介」参照）。

　Information and Communication Technology（ICT）活用教育の分野を見
ても、語連鎖（Lexical bundles; 本書のフォーミュラの意味概念に含まれる）
に着目した英語学術論文執筆を支援する電子ツール「AWSuM（Academic
Word Suggestion Machine）」が開発され（水本（編）, 2017）、オンライン上
で無料公開されている。また、入試英語・現代英米語・学習者作文など様々
なコーパス分析をふまえた English N-gram List for Japanese Learners of
English（ENL-J）が開発され（石川, 2019）、これもオンライン上で無料公開
されている。これらの諸例が示す通り、フォーミュラは近年ますます注目を
集める重要なトピックであるといえる。

本書の概要

　本書は、外国語教育メディア学会（LET）関西支部基礎理論研究部会の6
年に及ぶプロジェクト研究の成果をまとめたものである。フォーミュラを卒
論・修論で研究したいという学生や研究入門者を想定し、フォーミュラを入
門的に解説しつつ、親密度（横川（編）, 2006）の知見を組み入れた独自の実験
用・教育用リストの作成経緯と研究成果について紹介し、それを活用した研
究事例や、フォーミュラの教育応用・理論的展望などについて説明するもの
である。

本書の構成

　一口にフォーミュラといっても、その意味内容や定義方法は研究者によっ
て異なり、フォーミュラの心的機構をめぐって盛んに議論・研究が行われて
きた。第1部では、フォーミュラをめぐる理論的背景や先行研究について、
処理・貯蔵両面から入門的・導入的に検討し、フォーミュラ研究のための背
景や主要先行研究を概観する。日本語で書かれたフォーミュラ研究入門は少
なく、特にフォーミュラへの認知心理学的アプローチを理解するうえで第1

部は最適である。第2部では、本研究部会のプロジェクト研究である大規模フォーミュラ親密度調査について、その背景と方法論について議論する。第3部ではプロジェクト研究の結果を報告し、全体分析・品詞別分析・習熟度別分析について詳説する。続く第4部では、でき上がったフォーミュラ親密度リストを活用した研究例をいくつか紹介する。第5部では視野を広げ、フォーミュラと英語の学習・教育全般について、音韻的特徴、初期英語学習、電子教材開発など様々な観点から検討する。終章では、フォーミュラをベースにした第二言語習得モデルに向けて最新の理論的知見を組み込みながら議論し、論を閉じる。さらに、付録として、フォーミュラ研究を計画するうえで役立つ重要文献紹介や、本プロジェクト研究の成果であるフォーミュラ親密度リストを提供する。本書が、フォーミュラ研究を志す研究者や教育者にとって示唆に富むものであれば、誠に幸甚である。

目　次

第1部

フォーミュラ入門

第1章　フォーミュラの定義

● 概要 ●

　本章では、フォーミュラ(定型表現)の基本的概念について、その定義
と分類を通して概観する。さらにフォーミュラに関わる諸要因につい
て、第一言語および第二言語の観点から考察する。

キーワード：フォーミュラ、定型表現、定義と分類

1.　フォーミュラとは

　私たちの脳内には膨大な語彙情報が記憶され、蓄積されている。人はこれ
らの情報を検索・参照しながら、ことばの理解や産出などの言語活動を行
う。この記憶の集合体はメンタルレキシコン(mental lexicon: 心的辞書)と
呼ばれる。メンタルレキシコンの中に貯蔵されている一つひとつの語彙の記
憶は、意味や統語知識に関するレマ情報(lemma)とスペルなどの形態や発
音などの音韻知識に関するレキシーム情報(lexeme)の二層構造と考えられ
ている(図1参照。Levelt, 1989, 1993)。Aitchison(1987)は、成人英語母
語話者であれば約5万語以上の語彙を心内に記憶していると推定する。

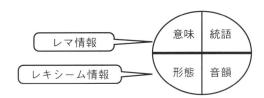

図1　メンタルレキシコン内の語彙の構造
(Levelt(1989, 1993)にもとづいて門田(2002)により作成)

　ただし、紙の辞書と大きく異なるのは、メンタルレキシコン内に記録され
ているのは単語のみではないという点である。話し手の心内には意味の最小
単位である形態素から、複数の単語から成る語連鎖を含めて実に多様なサイ
ズの語彙項目が存在していると Wray(2008)は指摘する。実際に産出された

自然言語を収集した言語データベースであるコーパスの開発が1960年代から進み、British National Corpus（BNC）などの大規模コーパスの出現により、自然な談話内で繰り返し出現する一定の言語パターンの存在が次第に明らかになってきた。英語母語話者の談話中に高頻度語連鎖が占める割合は話しことば・書きことばともに50%以上に及ぶと報告されている（e.g., Nattinger & DeCarrico, 1992; Erman & Warren, 2000）。成人英語母語話者が心内に格納する単語のレベルを超える語連鎖表現は数十万項目にも及ぶと考えられている（Pawley & Syder, 1983）。

　これらの自然談話内で広範囲に見られる言語事象は formulaic language / formulaic sequences（FL / FS: 以後、フォーミュラ）と呼ばれるもので、言語の習得・知覚・処理に深く関わっていると考えられる。

2.　フォーミュラの定義および用語

　高頻度の単語連鎖には、イディオム（idiom）やコロケーション（collocation）、文構築の基盤表現（sentence stems）など多種多様な形態が存在する。この中には、固定されたフレーズ（fixed phrases）として"by and large"、"long time no see"などの文法規則からは逸脱した項目も含まれる。そのため、言語学的理論では説明しにくい領域として、生成文法的アプローチでは周辺事項として扱われてきた経緯がある（Wray, 2002）。1940年代後半から1960年代にはロシア・東欧を中心に言語学の側面からフレイジオロジー（phraseology）という用語で慣用的な語結合について記述的研究が始められていた（Cowie (Ed.), 1998）。

　一方で、話者の心理言語学的側面からの研究は、主に1980年代以降に第二言語習得研究・応用言語学・認知言語学等の領域を中心に進められてきた。さらに自然言語データの量的分析という観点からはコーパス言語学、脳内処理のあり方に焦点を当てた脳神経科学的アプローチなど実に幅広い分野での研究が行われた。そのため談話中の高頻度語連鎖であるフォーミュラを示す用語と定義および分類方法は、研究分野および研究者により多岐にわたる。現在、一定の定型性（formulaicity）をもつと考えられる語連鎖を示す用

語は 50 種類を超える（Wray, 2002, 2008）。以下はその一部である。

> chunks（チャンク）/ clichés（決まり文句）/ collocations（コロケーション）/
> conventionalized forms / fixed expressions（固定表現）/ formulaic
> language（定型言語）/ fossilized forms / idioms（イディオム）/ lexical
> phrases（レキシカル・フレーズ）/ multiword items / preassembled
> speech / prefabricated routines and patterns / ready-made expressions /
> recurring utterances / routine formulae / set phrases（セット・フレーズ）
> / stereotyped phrases / unanalyzed chunks of speech / unanalyzed
> multiword chunks / morpheme equivalent units

　本書では、談話中に出現する多様な言語パターンを広く捉えるために、Wray（2002, 2008, 2019）に基づき、一定の単語の組み合わせで繰り返し用いられる語連鎖、つまり高頻度に反復生起する結束性の高い語連鎖の事象全体を指すものとして formulaic language（FL）、また FL 内の個々の語連鎖に対する用語として formulaic sequence（FS）を採用する。言語事象としての FL および個々の事例を指す FS に対してフォーミュラという訳語を本書では適用する（詳細な区別が必要な場合においては、適宜 FL/FS の表記を用いる）。

　フォーミュラの分類方法の一例を挙げる（Moon, 1998）。

1. 複合語（compound）：freeze-dry, long-haired
2. 句動詞（phrasal verbs）：carry out や get along のように動詞＋副詞や前置詞から成るもの
3. イディオム（idioms）：beat around the bush, spill the beans
4. 固定フレーズ（fixed phrases）：of course, in fact, how are you? など上記3つの分類以外のもの。as cute as a button のような直喩や Beauty is in the eye of the beholder. のようなことわざも含まれる
5. プレハブ（prefabs）：It reminds me of 〜, I would appreciate it if you could

　〜のような文構築の主幹と成るもの

　さらに語連鎖の結束度には以下の 4 段階が仮定され、その中で定型性を
もつフォーミュラは (1) 〜 (3) とされる (Cowie, 1981)。

(1) 純粋イディオム (pure idiom)：構成語の置き換えが不可能であり、個々
　　の単語の意味の総和では理解できない、全体としての意味をもつ
　　　例）　have a green thumb
(2) 比喩的イディオム (figurative idiom)：純粋イディオムと重なる部分が
　　多いが、個々の単語の意味を拡張して比喩的な意味をもつもの
　　　例）　keep an eye on
(3) 制約的コロケーション (restricted collocation)：構成語の置き換えが一
　　定の範囲内で可能であるが、一部の単語の意味が比喩的に解釈される
　　　例）　meet the demand (needs)
(4) 自由結合句 (free combination)：構成語の選択が完全に自由であり、単
　　語の意味の総和から全体の意味が構成されている
　　　例）　clean the floor

　Wray (2002) は客観的な側面からフォーミュラを以下のように定義づけた。

　　a sequence of words that occurs together beyond the chance level such
　　as idioms, collocations, sentence stems, etc.
　　「イディオム、コロケーション、文構築の枠組み (sentence stems) のよ
　　うに偶然の確立を超えて談話中に反復して出現する高頻度語連鎖」

コーパス内の出現頻度は、フォーミュラ検出の際に最も一般的に用いられる
客観的指標である。ただし、高頻度の閾値は研究者や研究の目的によって異
なる。Biber et al. (1999) は BNC 内での出現頻度が 100 万語中 10 回以上を
高頻度語連鎖の基準にして、それらを語結束 (lexical bundles) と呼び、機能

ごとに分類を行った。その結果から自然言語は高頻度の語連鎖により構成されていることが示された。

　さらに Wray（2002）は処理の側面からフォーミュラの全体貯蔵の可能性について言及している。

> a sequence, continuous or discontinuous, of words or other elements, which is, or appears to be, prefabricated: that is, stored and retrieved whole from memory at the time of use, rather than being subject to generation or analysis by the language grammar. (p. 9)
> 「（フォーミュラは）単語やその他の要素が連続・非連続的に結びついた連鎖であり、あらかじめ組み立てられているか、あるいはそのように思われるもの。使用時に、言語の文法により生成・分析されることなく、全体としてひとまとまりで保存され取り出される」

上記の記述は、フォーミュラが心的に一つの単位として保持・検索される連続・非連続の語連鎖であり、知覚・検索の際にはまとまりのある心的表象に直接アクセスすることができるとする全体的処理仮説を示している。フォーミュラは語連鎖内の単語レベルの表象とは別に、語連鎖全体としても表象され貯蔵されているという仮定である。単語ごとの表象にアクセスする分析的処理に比べて、全体貯蔵されたフォーミュラの処理は認知負荷が軽減されるため、より高次の理解過程に注意資源を配分できることで、流暢で正確な言語使用が可能になると考えられる。

　フォーミュラに仮定される全体的処理には前述の出現頻度が深く関わる。Langacker（1987）による用法基盤モデルでは（終章参照）、実際の言語事例に遭遇する中で徐々に心的表象の定着度（entrenchment）の度合いが強まると考えられている。高頻度の語連鎖が、単語ごとの部分的表象の集合体から徐々に語連鎖全体の表象へ移行する過程には、話者の心内における遭遇の認識、いわゆる実際に理解や産出のために言語処理を行った経験が不可欠である。つまり、コーパス内の出現頻度は、一定の言語コミュニティにおける慣

習的な単語間の結びつきに対する人々の共通認識を反映する客観的指標と考えられるが、個人の心内における主観と乖離している可能性も十分に考慮に入れなければならない。

　例えば、and this is a や in a lot of のように出現頻度を基準として抽出された高頻度語連鎖の中には文法的な区切りや特定の意味が付与されていない語連鎖も混在しているため、話者が心内で一つの語彙項目としてまとまりを感じているかについては検証が必要であろう。また、語連鎖としての出現頻度は低いが、構成語間の結束性がきわめて高く、単語の置き換えが困難である beat around the bush（回りくどい言い方をする）のようなイディオムは、母語話者の心内でひとつのまとまりを持った語彙項目として表象されていると考えられる。つまり、出現頻度は言語コミュニティにおける全般的な話者の言語使用パターンを示しているが、必ずしも個人レベルでの心的なまとまりの強さと一致しているとは限らない。

　そのため、Wray（2019）は、出現頻度だけでは捉えきれない個人の心内での表象のあり方に着目して、さらに次のような定義を行っている（下線筆者）。

Formulaic sequence (FS) (count noun) refers here to any multiword string that is perceived by the agent (i.e., learner, researcher, etc.) to have an identity or usefulness as a single lexical unit (see Wray, 2002, p. 9). Formulaic language (FL) (mass noun) is used for the collective of such instances.　　　　　　　　　　　　　　　　　　　　　　(p. 267)

「FS（可算名詞）は、複数の語から成る語連鎖の中で、言語使用者（学習者・研究者など）が心内で単一の語彙項目としてまとまりや有用性を認める語連鎖を指す。FL（不可算名詞）は、これらの言語事象全般を指す。」

　ここではフォーミュラの重要な特徴として、心内における結束性の強さについて言及している。話し手が一定の語の組み合わせに対して定型性（formulaicity）を感じているかどうか、言い換えると、語連鎖に対する心理的実在性（psycholinguistic reality）の有無に焦点が当てられている。フォー

ミュラの全体貯蔵に関わる心的表象の定着度(entrenchment)の度合いには、出現頻度、親密度、遷移確率、語用論的機能などの様々な要因が関わっている。L1 話者の言語獲得プロセスは一定の均質性が担保されているため、コーパス内の出現頻度は話者の心内における定型性と相関があると推測される。そのため、出現頻度はフォーミュラ抽出の妥当性の高い指標として用いられる。

　一方で、第二言語(L2)学習者の場合は、母語話者とは異なり、心内における語彙表象のあり方が習熟度や言語経験の度合いにより大きく異なる。実際の言語事例に接触する中で徐々に心的表象を形成するという用法基盤モデルの枠組みで、あらためて習熟度条件の異なる L2 学習者にとっての高頻度語連鎖を考えると、母語話者コーパスの出現頻度は必ずしも心内でのまとまり性(定型性)を直接的に示しているわけではないと懸念される。

　学習者の言語経験(学習項目に対する遭遇回数の増加等)の変化にともない、メンタルレキシコン内では、高頻度語連鎖が単語ごとの部分的表象の集合体から、徐々に語連鎖全体の表象へ移行するという形で、心的表象の再構築が行われると推測される。そのプロセスは、客観的指標である出現頻度だけではなく、話者の主観的認識であり、心的出現頻度とも呼ばれる親密度がメンタルレキシコン内でのフォーミュラの心的表象の形成に大きく影響すると考えられる。

　このようにフォーミュラの心内における定型性の度合いは、客観的指標の出現頻度や主観的指標である親密度などの様々な要因により異なる。そして、表象形成の過渡期にあるものについては、話し手が一つの語彙項目に対して心的なまとまりを感じていたとしても、その処理のあり方は、フォーミュラを構成する個々の語彙項目へのアクセスに留まる可能性がある。つまり、Wray(2002)が言及したフォーミュラの全体的処理は、この普遍的な言語現象を捉える重要な視点ではあるが、定義付けをするうえでの必須要件ではないと考える必要がある。

　そのため、本書では Siyanova-Chanturia and Pellicer-Sánchez(2019)が提唱する、心内で定型性を形成した語彙項目としてフォーミュラを幅広くゆ

るやかに捉える立場をとる。

> FL, as conceived in this book, may comprise strings of letters, words,
> sounds, or other elements, contiguous or non-contiguous, of any
> length, size, frequency, degree of compositionality, literality/ figura-
> tiveness, abstractness and complexity, not necessarily assumed to be
> stored, retrieved or processed whole, but that necessarily enjoy a
> degree of conventionality, or familiarity among (typical) speakers of a
> language community or group, and that hold a strong relationship in
> communicating meaning. (p. 5)
>
> 「本書におけるフォーミュラは、連続・非連続性を問わず、また、長さ、
> サイズ、頻度、構成語間の結合度、文字通りの意味か比喩的か、抽象
> 性、複雑さにかかわらず、必ずしも全体として格納・検索し、処理され
> る必要はないが、一定の言語コミュニティや集団の話者間で、ある程度
> の慣習性と親密度をもち、意味を伝えるうえで強い関係性をもつ文字・
> 単語・音声、その他の要素のひとまとまりを意味する。」

　このようにあらゆる形態を含むフォーミュラは、徐々に一つのまとまりと
しての緊密性をもった心的表象を形成し、第一言語のみならず、第二言語に
おいても、言語処理における認知負荷を軽減させ、流暢な言語理解および産
出を促進させる機能があると考えられる。L2 学習者が言語使用における流
暢性と正確性を高めるには、その目標言語における多種多様なフォーミュラ
を数多く記憶し、適切に使える知識を身につけることが肝要であろう。

まとめ
- メンタルレキシコン内には、形態素や複数の語から成る語連鎖を含む多様
  なサイズの語彙項目が存在している。
- 自然談話内で広範囲に見られる言語現象であるフォーミュラの定義・用語
  および分類方法は、研究領域や研究者によって多岐にわたる。

・フォーミュラの心的表象の形成には、出現頻度、親密度、語用論的機能など様々な要因の影響が考えられるが、第一言語と第二言語では要因の影響が異なる可能性がある。

● For further study: 今後の研究のためのヒント ●

- ●フォーミュラの分類方法の違いはどのような視点から生まれているのだろうか？
- ●フォーミュラの心的表象の形成にはどのような要因が深く関わるのか？
- ●どのようなタイプのフォーミュラが学習者にとって学びやすく、かつ有用だと考えられるだろうか？

第2章　フォーミュラの役割

╭─● **概要** ●─────────────────────
　本章では、フォーミュラの言語使用における役割と意義について、母
語獲得および外国語学習の観点から考察する。さらにフォーミュラの一
つの特徴とされる処理効率性について L1 および L2 研究の知見をもと
に報告する。
キーワード：フォーミュラ処理、定型性、効率性
╰──────────────────────────────────

1.　言語習得とフォーミュラ処理

　子どもは母語獲得プロセスにおいて 2 種類の学習方略を用いていることが
報告されている。Peters（1977）は、英語を母語とする幼児の発話データを分
析し、音素的に不完全ながらも、音韻的なまとまりを持った言語チャンク
（language chunks）で発話が構成されることを報告した。大人の発話を真似
して複雑な構造のものを音のひと固まりで発話する現象はゲシュタルト方略
（a Gestalt strategy）と呼ばれ、一方で、単語ごとに発話を処理する方法は分
析的方略（an Analytic strategy）と呼ばれる。幼児はこの 2 種類の方略を場面
や目的などにより使い分けており、個人差は認められるが、音韻的特徴を帯
びた語群を一気に発話するゲシュタルト方略が主軸となることが報告されて
いる。この音の固まりと特定の意味が結びついた語群の習得はフォーミュラ
知識獲得の最初のステップとなる。この 2 つの学習方略は、Sinclair（1991）
が提唱する人間の言語産出における 2 原則と一致する。統語規則に基づき単
語を組み合わせ文を産出する「自由選択原則（an open-choice principle）」と
フォーミュラを用いて文産出を行う「イディオム原則（an idiom principle）」
は、それぞれ上述の分析的方略とゲシュタルト方略に当たる。

　Pawley and Syder（2000）は成人英語母語話者の自由発話データの分析か
ら「一度に一節仮説（the one-clause-at-a-time hypothesis）」をもとに、フォー
ミュラのユニット性のある心的表象が言語情報処理の効率化に資することを
検証した。本来、人が一回の発話プランニングで産出できるのは、節

(clause) を中心とした統語的単位であるアイデア・ユニット (idea unit) の平均語長 6 語程度であり (Chafe, 1987)、ワーキングメモリの処理容量である 7±2 (Miller, 1956) とも符号する。この「人は発話プランニングの際に、節よりも大きな単位の処理は難しい」とする仮説に対して、「熟達した話し手は一回の発話プランニングで複数の節を一度に処理できる」という矛盾した現象が見られる。それは、発話プランニングの際に節の長さに及ぶフォーミュラがひとつの語彙単位として機能し、7±2 の各項目に「入れ子」状態で使用されることで、複数の節の同時処理が可能になったと考えられる。このように語彙化したフォーミュラが談話における重要な組立部品として節を構成し、言語処理の効率化に資することで母語話者に見られる発話流暢性が保たれると Pawley and Syder (2000) は主張する。同様に Ellis (1996) は、第二言語処理においても言語情報のチャンキングはフォーミュラを核として行われており、ユニット性の高い表象をもつフォーミュラを活用することによりワーキングメモリ内での記憶スパンが拡大し、それに伴いチャンキングの範囲が広がることを報告している (磯辺, 2012, pp. 123–124)。

　フォーミュラが構成語ごとに個別のアクセスをするのか、一つの処理単位として全体的表象へ直接アクセスするのかは、言語学・心理言語学研究における長年の検証課題であった。Carrol and Conklin (2014) は、英語母語話者はイディオム処理の際に、構成語ごとにアクセスする分析的処理を行う一方で、一つの処理単位としてユニット性をもつ表象へ直接アクセスする全体的処理を同時並行的に行っていることを二重経路モデル (dual route model) にて示している。図 1 は、flog a dead horse というイディオムを例にして、フォーミュラを処理する際に用いられる 2 つの経路を示している。①は構成語の個々の意味にアクセスして、文法知識に基づき、逐語的な解釈を重ねる分析的処理ルートであり、②は一定の視認ポイントを通過した時点でイディオムの比喩的な意味が活性化し、直接アクセスできる全体的処理ルートである。

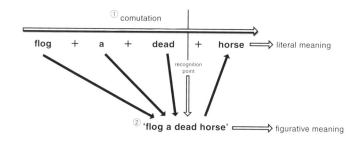

図1　イディオム処理における二重経路モデル（Carrol & Conklin, 2014）

　上述の2つの処理ルートの存在は脳神経科学的にも検証されている。Sidtis（2012）は、右脳損傷患者では分析的な言語産出は保たれる一方で、フォーミュラ産出が顕著に妨げられる傾向が見られ、左脳損傷の場合には分析的な言語産出は損なわれる一方で、一定のフォーミュラ産出は保全されていたという臨床報告を行っている。このことから、人の言語活動においては、分析的処理および全体的処理の2つの処理ルートが存在することを神経科学の見地から検証した。

　Tremblay and Baayen（2010）は、出現頻度の差が語連鎖の表象形成にどのような影響を与えるのかを Event-Related Potentials（ERP: 事象関連電位）データの分析から報告した。British National Corpus から抽出された0.01～100の出現頻度をもつ4語連鎖432項目を用いて、英語母語話者を対象に自由再生課題を行った。その結果、低頻度語連鎖および高頻度語連鎖ともに中心－頭頂部（centro-parietal pathway）に記憶痕跡を残す一方で、高頻度語連鎖のみ後頭－頭頂部（occipito-parietal pathway）にさらに別の記憶痕跡を残していることがわかった。これは出現頻度、すなわち一定の語彙項目への遭遇回数の影響により、高頻度語連鎖が低頻度語連鎖とは異なる記憶表象を形成していることを意味する。つまり、英語母語話者の心内では、低頻度語連鎖は単語ごとの部分的表象を形成して分析的処理が行われる一方で、高頻度語連鎖のみ部分的表象と全体的表象を形成し、分析的処理と全体的処理が同

時並行的に行われている可能性を示唆している。この結果は、蓄積された用
例をもとに言語形式が獲得されるとする用法基盤モデルと一致する。

　さらに、語連鎖の表象形成は、部分的表象と全体的表象の 2 極の間の連
続性の中に存在すると Tremblay and Baayen（2010）は指摘している。つま
り、語連鎖に対する心的な定型性の形成には、語単位の部分的表象から語連
鎖の全体的表象への移行段階があり、フォーミュラの全体的処理という概念
はあくまでもそのいずれかの段階におけるフォーミュラ処理の効率性を指
す。フォーミュラの処理効率の高さは、上記の二重処理モデルのいずれかの
処理ルートの効率化によるものと考えられる。すなわち、フォーミュラと非
フォーミュラとの処理効率の差を解釈するにあたっては、フォーミュラの表
象形成による全体的処理に起因する場合と、フォーミュラ内の構成語が同時
に活性化することにより分析的な語彙アクセスが効率化されたという場合も
念頭に置くべきである（e.g., Wray, 2012）。

2.　フォーミュラの処理効率性

　L1 話者および L2 学習者を対象としたフォーミュラ処理に関する実証研
究の主な成果を紹介する。連鎖頻度の影響を受けて徐々に心内で定型性を獲
得すると仮定されるフォーミュラは、非定型の低頻度語連鎖とは異なる処理
が行われることが様々なオンライン処理実験によって検証されている。

　まずは、フォーミュラが理解の過程でどのように知覚され検索処理される
のかについて L1 および L2 研究で明らかになった知見を取り上げる。

　L1 話者におけるフォーミュラ処理の優位性を Tremblay, Derwing,
Libben, and Westbury（2011）は、英語母語話者である大学生 20 名を対象に
高頻度語連鎖（lexical bundles: LB）と低頻度語連鎖を文に埋め込んだ自己
ペース読み課題を行い検証した。

例）LB:　　　If workers don't worry about it nothing will happen.
　　NonLB: If workers don't know about it nothing will happen.

　単語提示、フレーズ提示、文提示のいずれの条件下でも、高頻度語連鎖の読解時間は有意に短縮された。この結果は、フォーミュラが母語話者の心内で結束性の高い表象を形成し、全体的処理が可能な状態にあることを示唆している。同様の結果は、L1 および L2 話者を対象に行ったフレーズ文法性判断課題でも報告されている。Jiang and Nekrasova（2007）は、英語母語話者 20 名と多様な母語の背景をもつ L2 上級学習者 20 名を対象にして、高頻度語連鎖と低頻度語連鎖（e.g., *that kind of thing* vs. *that kind of group*）を単独提示する文法性判断課題を実施し、反応時間および正答率ともに高頻度語連鎖は低頻度語連鎖に比べて有意にはやく正確に判断されたことを報告している。また、フォーミュラ処理のあり方が語連鎖の出現頻度や構成語間の共起強度などの影響を受けることを Ellis, Simpson-Vlach, and Maynard（2008）は報告している。英語母語話者である大学生 11 名および非英語母語話者である留学生 11 名を対象に in the road や open your books to などの文法的語連鎖と on phone the や by way the のような非文法的語連鎖をそれぞれ 108 項目提示した文法性判断課題を行った。その結果、母語話者は共起強度の指標の一つである相互情報量（Mutual information: MI）の影響を強く受けており、非英語母語話者は連鎖頻度の影響を強く受けていることが明らかになった。母語話者は構成語間の共起強度の高さがフォーミュラの心内での結束性と関連が強い一方で、L2 学習者は、言語インプットにおける語連鎖の出現頻度が結束性の高い心的表象の形成に深く関わっていることが示唆された。母語話者とは対照的に、言語学習の経験が豊富な L2 上級者であっても、共起強度はフォーミュラ処理の予測要因とはならず、目標言語での語連鎖への遭遇回数が言語学習者の心内における全体的表象の形成に寄与する重要な要因であることが示された。

　ただし、L1 および L2 研究にて報告されるフォーミュラの優位性に関する報告は、習熟度のきわめて高い ESL（English as a Second Language）学習者を対象としている研究が多く、目標言語への接触が限られた EFL（English as a Foreign Language）環境下にある初級・中級英語学習者の心内におけるフォーミュラの表象および処理のあり方は未知の部分が多い。Isobe（2011）

では、初級・中級レベルの日本人英語学習者を対象としたフォーミュラ単独提示による語順適格性判断課題を行った。非英語専攻の大学生 51 名に対し、以下の 3 タイプの語連鎖をパソコン画面に提示した。(1)フォーミュラ(FS)：高頻度の動詞句 50 項目(e.g., agree with, depend on, sit down)、(2)非フォーミュラ(NonFS)：FS の一語を別の語に置き換えた低頻度語連鎖 50 項目(e.g., hurry with, select on, fly down)、(3)非文法的語連鎖(Ungrammatical sequences: UnG)：語順を無作為に入れ替えた語連鎖 50 項目を視覚提示して、(1)(2)に対しては語順が適格な語連鎖として Yes、(3)に対しては語順不適格として No の判断を求めた。語順適格性の判断までの反応潜時は、(1)FS の判断が最も速く、次いで(2)NonFS、最も時間を要したのが(3)UnG と、3 タイプ間で有意な差が見られた。これらの結果は、フォーミュラが日本人 EFL 学習者の心内においても語連鎖全体として心理的実在性をもつ語彙項目として表象され、文脈から独立して単独提示された場合においても効率的に処理される可能性を示す。

　さらに、より自然な言語処理過程でのフォーミュラ処理のあり方を検証するために、Isobe(2011)で用いた実験素材(1)FS と(2)NonFS を文に埋め込み、自己ペース読み課題を行った(Isobe, 2014)。

例) FS 文：In / general, / access / to / clean / drinking / water / is regarded as / a / basic / human / right.

　NonFS 文：In / general, / access / to / clean / drinking / water / is demanded as / a / basic / human / right.

　これらの文では、(1)FS と(2)NonFS の部分のみフレーズ単位で、その他は単語単位で提示された。実験に協力した日本人大学生 58 名を中位群(16 名)を除外して上位群(20 名)、下位群(22 名)に分け分析した結果、上位・下位群ともに(1)FS の読みは(2)NonFS よりも読みの時間が有意に短縮された。このことは高頻度のフォーミュラが低頻度の語連鎖とは異なる心的表象を形成し、処理されている可能性を示す。フォーミュラは単語ごとの

分析的処理とは別に、一つのユニット性を帯びた語彙項目としての全体的な
処理が可能になっていると考えられる。フォーミュラの処理による認知負荷
の軽減の影響は、後続語の処理時間の短縮に現れた。上位群では、フォー
ミュラの 2 語後で(例文では basic)、下位群では 3 語後で(例文では human)、
有意に読みの時間が短縮された。同じ単語の処理であっても、先行する語連
鎖がフォーミュラである場合に後続語の処理が効率化されるという結果は、
文単位の読みのプロセスにおいても、フォーミュラは効率的な処理によって
言語処理過程全般の認知負荷を軽減し、注意資源の再配分を可能にしている
ことを示唆する。

　注目すべきは、初級・中級の習熟度であっても、言語インプット内の遭遇
の度合いに応じて、単語のレベルを超えた語彙単位での処理が行われている
可能性が示されたことである。しかし、目標言語に触れる機会が限られた
EFL 環境下にある学習者にとって、母語話者の言語資料の総体であるコー
パスをもとに計測された語連鎖の出現頻度は、EFL 学習者が実際に遭遇し、
処理する回数を直接反映していない場合も想定される。その場合に必要とな
るのは、客観的指標であるフォーミュラ出現頻度よりも、むしろ心内におけ
る主観的指標であるフォーミュラ親密度であり、全体的処理の可能性を決め
る要素であると考えられる(Carrol & Conklin, 2014)。ここに日本人英語学
習者のフォーミュラ親密度調査の意義がある。

　以上の知見を踏まえつつ、外国語教育メディア学会関西支部基礎理論研究
部会では、フォーミュラを定義づける最も重要な特徴のひとつとして心内に
おける結束性(formulaicity)を重視し、話者の主観を最も反映すると考えら
れるフォーミュラ親密度の調査を実施した。そのプロジェクト研究の詳細や
成果については、次章以降にて議論される。

まとめ

・心的に定型性をもつユニットとして検索され活用されるフォーミュラは、
　第一言語のみならず、第二言語においても、話し手にとって、言語処理に
　おける認知負荷を軽減させ、流暢な言語理解および産出を促進させる機

能があると考えられる。

・第二言語学習者が言語使用における流暢性と正確性を高めるには、その目
標言語における多種多様なフォーミュラを数多く記憶し、適切に使える知
識を身につけることが肝要である。

・従来の語学教育では主に語彙知識および文法知識が重視されてきたが、今
後はさらに第 3 の視点としてのフォーミュラ知識の重要性に意識を向け
て、教育・学習の場における指導の拡充が望まれる。そのための参考デー
タとしてのフォーミュラ親密度データベースの構築はきわめて重要となる。

● For further study: 今後の研究のためのヒント ●

- L2 におけるフォーミュラの処理経路はどのようなものか？
- どのような実験課題がフォーミュラの心的表象のあり方を
  探るには適しているのか？
- フォーミュラの学習にはどのような指導法が効果的であろ
  うか？

第2部

フォーミュラ親密度研究
—その背景と方法—

第1章　背景

─●　概要　●─

　　まず、語彙認知に影響を与える要因としてよく知られている頻度と比較しながら、親密度について概説する。そのうえで、日本語話者英語学習者を対象とした英単語親密度リスト作成の先行研究を紹介し、フォーミュラ親密度リスト作成に至る先行研究や理論的背景について説明する。

キーワード：親密度、頻度、主観性、先行研究、研究の背景、
　　　　　　　　フォーミュラ（定型表現）

1.　はじめに

　本章において重要な役割を果たす概念として「親密度」が挙げられる。本章は、「親密度」の理論的背景とこれまでの研究の展開を概観し、フォーミュラ親密度研究の必要性を説明するものである。

2.　親密度と頻度

　親密度について検討する前に、親密度と類似する概念である頻度との違いについて概説する。単語の親密度（familiarity）とは人がある単語に対してどの程度よく見聞きすると感じているかの程度を表すものである。他方、語の出現頻度（frequency）とは、言語コーパスなどである語が何回使用されているかを数値化したものである。頻度が客観的な指標であるのに対し、親密度は、その人がどの程度出現すると考えているかという印象を示すという点で、主観的な出現頻度といえる。語長・獲得年齢・綴り字と発音の対応関係・近傍語の有無など、語彙処理に影響を与える要因として知られているものが数多くある中（Jiang, 2018）、頻度や親密度は実験研究の際に統制対象となることが多い。特に頻度は語彙研究において最も重視される要因の一つであり（Divjak, 2019）、処理要因の筆頭に位置づけられるものである。

　その一方で、主観的頻度である親密度と客観的頻度は同じ現象を違う角度

から眺めたものにすぎず、親密度という構成概念を設けずに頻度のみ検討すればよいとする根強い見方も存在する。しかし、この見方の反証となる実証研究が複数存在する。Connine et al.(1990)が行った実験では、視覚提示語の命名課題で頻度効果が見られた一方、遅延間隔が長い条件では頻度効果は消失した。また、聴覚提示語の命名課題では頻度効果は見られなかった。しかし、どちらの課題でも、語の親密度効果は見られた。このことは、頻度のみを検討していては検出されない語彙認知効果が、親密度に着目することで検出されることの一例である。Kreuz(1987)が大学生を対象に行った同音異義語の親密度評価と語彙性判断研究では、親密度のほうが頻度よりもよりよく口頭能力を予測するという分析結果が示され、親密度という心理的構成概念の妥当性と、その指標として頻度データを使用することはふさわしくないことを結論づけた。Lewellen et al.(1993)は親密度を個人差要因として実験研究を行い、語彙親密度の違いは語彙処理の効率性の違いにも影響を与えることを示した。主観的要因である語彙親密度がメンタルレキシコンの大きさを予測することが理由として考えられる。また、Hashimoto and Egbert(2019)は、語彙処理や学習の難易度の予測因子としてもっぱら頻度のみが使用されがちである現状に警鐘を鳴らし、頻度以外の様々な要因を勘案することの重要性を指摘している。頻度以外の要因として、語長効果や正書法規則性といった形態面の要因や文脈顕著性などの意味的要因のみならず、情動的意味(affective sense)などの主観的な要因についても指摘している。Cordier and Ny(2005)は頻度とは区別される親密度構成概念について一連の実験研究を通して検証しており、「親密度と頻度のもつれをほどく」(pp. 530–531)という研究の主要目的を支持する結果を得ている。Amano et al.(1999)は日本語の語彙認知に語彙親密度が強く影響することを実験研究により示し、親密度効果が言語を問わず存在することを示唆した。天野・近藤(1999)は日本語の語彙特性について頻度などの観点から大規模データベースを作成したものであるが、単語親密度の重要性に鑑み、第 9 巻データベース(天野・笠原・近藤(編), 2008)は親密度のデータのみに特化したものである。

　これらの研究や知見が示す通り、親密度は頻度とは似て非なる構成概念で

あり、頻度とは別に主観的指標としての親密度を検討することは有意義であると結論づけることができる。

3.　日本語話者英語学習者を対象とした英単語親密度について

　日本語話者英語学習者(以下、英語学習者)を対象とした英単語親密度を調査したものとして、横川(編)(2006)の「英単語親密度調査(文字編)」と横川(編)(2009)の「英単語親密度調査(音声編)」が挙げられる。横川(編)(2006)の「英単語親密度調査(文字編)」では親密度を「見聞きする度合い」と定義し、日本人大学生 822 名を対象に調査を行っている。語彙リストには Kilgarriff Lemmatised frequency list を基本リストとして用い頻度順位上位2,981 語を選出し、それに曜日と月の 19 語を加えた 3,000 語、その後重複語を除外し 2,999 語のリストで調査した。

　調査には語の横にリカートスケールが表示され、1 の「全く見聞きしない」から 7 の「とてもよく見聞きする」の 7 段階で評定を実施していた。その結果この調査で得られた英単語に対する親密度の評定平均値順位はBNC の頻度順位との間でやや強い相関があることが明らかとなっている。

　このリストは第二言語における言語処理に関する研究での提示用刺激語の選定や、教科書やテスト作成などにおける使用語彙の選定のために幅広く用いられることになった。その後、文字での提示と音声での提示の場合の親密度の評定の違いを調査するために「英単語親密度調査(音声編)」が出版されている。文字・音声における提示モードでの親密度評定値の相関は中程度であり、天野・近藤(1999)の母語での調査の場合相関が非常に高かったこととは傾向が異なることがわかった。

　語彙親密度を測定する試みは横川(編)(2006)に限られているわけではない。例えば、西出・水本(2009)は大学生を対象に 1 の「知らない(見たり聞いたりしたという記憶がない)」から 5 の「この語を使える(文やフレーズを作ることができる)」の 5 段階で評定を実施し、英単語 8,000 語についての親密度リストを作成した。参加者人数の少なさがリミテーションとして挙げられるものの、横川(編)(2006)との 0.8 以上の相関係数が産出されるな

ど、信頼性と妥当性の検証において一定の成果が上がっている(西出, 2009)。

4.　言語処理におけるフォーミュラの役割とフォーミュラ親密度調査の必要性

　以上ではもっぱら単語 1 語単位の語彙の処理や学習を取り扱った先行研究の成果を概観した。その結果、英語学習者による言語の知覚や学習を考える際に、母語である日本語の処理であるか(天野・近藤, 1999)、外国語である英語の処理であるか(横川(編), 2006)を問わず、頻度と親密度とを異質な要因として設定する必要性を再確認した。

　一方で、言語処理に際しては、1 単語ごとに分析的に行うだけでなく、2 語以上の語句から成る部分が「フォーミュラ(定型表現)」として心理的に実在性をもち、あたかも 1 つの語彙項目であるかのように存在していると仮定されている(Wray, 2002 など)。このことは前章でも言及したが、フォーミュラの重要性を主張する研究は枚挙にいとまがない。

　例えば、フォーミュラは談話中に多く存在し(談話中の 3 分の 1 から 2 分の 1 を占めるとの報告もある)、複数の語からなるまとまりを 1 つのものとして扱えることから効率的な言語処理において重要性が高く、実際に言語処理の速度を高める役割を果たしている(Sinclair, 1991; Wray, 2002)と推測されている。また、Carrol and Conklin(2020)では、フォーミュラにおける親密度の重要性について、Tabossi et al.(2009)の研究を紹介しながら、言語処理を迅速化する鍵となるものが主観的な親密度であると明言している。一方、第二言語学習者は母語話者に比べ、言語処理に際してフォーミュラをうまく活用できていないという報告もある(Li & Schmitt, 2009)。コミュニケーション上でも言語学習上でもフォーミュラの果たす役割は大きいことがわかる。

　前出の Carrol and Conklin(2020)は、親密度の高いフォーミュラ表現が必ずしも出現頻度を基準としてリストアップした語句リストと一致をみるとは限らないことに注意喚起している。前章において、1 語単位の語彙処理に際して、頻度(いわばインプット量)と親密度(いわばインテイク)とを異なる要因としてとらえる必要性が示唆されたこと、母語話者と第二言語学習者と

では言語処理に及ぼす頻度や親密度の影響が異なること、ターゲット単語を文字提示した場合と音声提示した場合とで親密度の影響は同様ではなかったことなどを振り返るまでもなく、個々のフォーミュラに着目して親密度の測定を行い、フォーミュラの処理に親密度がいかなる影響を与えているかについて明らかになれば、言語処理研究にとっても外国語教育にとってもその有益性は大きい。

5.　フォーミュラリストの選定

　フォーミュラを学習することは言語処理において非常に有益であることは明らかだが、実際にどういったフォーミュラを学習すべきかについて一致した見解がなかった。そのような中で、Martinez and Schmitt（2012）が作成した PHRASE LIST（A Phrasal Expression List）は、第二言語学習への応用において実用性が高いことで注目に値する。Martinez and Schmitt（2012）は、まず、WordSmith Tools を用いて 2 語から 4 語のフレーズで BNC 頻度が 5 回以上の 505 項目を抽出し、レマ化などの作業を実施した。そのうえで、著者らが教育的配慮等の質的選出を加えてリストを完成させた。505 項目のフォーミュラを構成する単語のうち BNC 頻度上位 1,000 語に含まれるものは全体の 95% にのぼり、表現の多くが BNC 頻度の 2,000 語以内で収まっている。このリストは試験の作成やシラバスデザインなど教育での利用を目的としたところに特徴があるため、英語学習者のための英語フォーミュラ親密度リストの作成という本書の目的にかなっていると考えられる。

まとめ

・ 語彙研究にとって、客観的指標の頻度のみならず主観的指標の親密度を検討することも重要である。
・ これまで英語学習者の語彙親密度リスト作成研究がいくつか行われてきた。
・ 英語学習者のフォーミュラ親密度リストは存在せず、作成が望まれる。

---- ● **For further study: 今後の研究のためのヒント** ● ----

● 親密度と頻度は類似した構成概念であるが、それぞれ具体
　的にどのように異なるのだろうか。親密度効果と頻度効果
　を比較するためにはどのような研究デザインが考えられる
　だろうか。

第2章　方法

● 概要 ●

　本章では、日本人英語学習者フォーミュラ親密度リストの作成方法と
データ収集の手順について述べる。まず、本調査内容を決めるにあたっ
て参考にした先行研究を紹介する。次に、Martinez and Schmitt（2012）
のフォーミュラリストに基づくフォーミュラの選定方法について述べ
る。そして、協力者や調査方法などのデータ収集手順について述べる。
キーワード：親密度リスト作成、フォーミュラ選定、データ収集

1.　はじめに

　本章では、英語学習者フォーミュラ親密度リストの作成のために行った
Web アンケートの実施内容について主に述べる。調査手順や刺激の選定方
法・統制方法など、研究デザインを組むうえで参考になる情報を提供する。

2.　先行研究

　Shin and Nation（2008）は、頻度、統語的整合性、意味論に基づく基準を
定め、口語において頻度の高い multiword unit を抽出してフォーミュラリスト
を作成した。Simpson-Vlach and Ellis（2010）は、頻度、共起語（n-grams）、
統計、分布データなどの基準を定め、学術英語において有用なリストを作成
した。Martinez and Schmitt（2012）は、各フォーミュラが形態素に相当する
か、1語で表すことができるかなど、学習者にとっての難易度を判断できる
基準を定めた。これらの先行研究のフォーミュラリストにおけるトップ 10
項目を以下に挙げる（表1）。

表 1　先行研究のフォーミュラリストにおけるトップ 10 項目の比較

	Shin and Nation (2008)	Simpson-Vlach and Ellis (2010)	Martinez and Schmitt (2012)
1	you know	be able to	have to
2	I think (that)	blah blah blah	there is/are
3	a bit	this is the	such as
4	used to	you know what I mean	going to
5	as well	you can see	of course
6	a lot of	trying to figure out	a few
7	pounds	a little bit about	at least
8	thank you	does that make sense	such a[n]
9	years	you know what	I mean
10	in fact	the University of Michigan	a lot

　これらの先行研究について検討した結果、第二言語教授に活用するための有用性(pedagogic utility)を念頭において編纂されている A Phrasal Expressions List(Martinez & Schmitt, 2012)が、最も日本の英語学習者に応用するうえで十分な教育的配慮がなされていることから、A Phrasal Expressions List を基本リストとして用いることとした。

3.　フォーミュラ親密度リスト作成方法

　Martinez and Schmitt(2012)は、2 語から 4 語のフレーズで頻度が 5 回以上の 505 項目を BNC から抽出して作成されたフォーミュラリストである。505 項目のフォーミュラを構成する単語の 95％は、BNC 頻度上位 1,000 語から成り、そのほとんどは「英単語親密度調査(文字編)」(横川(編), 2006)に記載の高親密度語である。

　Martinez and Schmitt(2012)のリストはオンラインで入手可能であるため、筆者たちはエクセルデータを共有し、英語学習者を対象としたリスト作成にあたって、一つひとつの項目について使用可能性を検討した。その結

果、計 505 項目から多義性による重複項目を除く 501 項目から成るフォー
ミュラ親密度リストを作成した。文脈によって異なる意味をもつ多義的な
フォーミュラの例として、get to の場合、Did you get to try the cheese? と
いう文では「機会」を、When he got to the end, he started to weep. という
文では「到着」を表す。今回のフォーミュラ親密度リストでは、文単位では
なく句単位で各項目を提示するため、どちらの意味で判断したか曖昧になる
ことから今回はこのような多義的なフォーミュラをリストから省いた。BNC
の頻度順に並べられた 501 語を乱数表でランダムに分割し、100 語ずつの 5
つのリスト(A〜E)を作成した(ただしリスト A のみ 101 語)。

　Web アンケートの作成にあたっては、質問数・回答数が多いビッグデー
タに対応可能なアンケート作成ツール Survey Monkey(https:/jp.surveymo
nkey.com/)の有料版を利用した。有料版では、以下のような機能が利用可
能であった。

・好きな数だけアンケートを作成し、送信する
・送信する各アンケートへの回答に、無制限にアクセスする
・スキップロジックを使用して、各ユーザーに合わせたアンケートを作成する
・アンケート結果を、スプレッドシートやプレゼンテーションなどにエクス
　ポートする

　これらの機能を使って得られたデータの例を以下に挙げる(図 1)。

	全く見聞きしない 1	2	3	4	5	6	とてもよく見聞きする 7	合計
now and then	23.60% 21	12.36% 11	21.35% 19	11.24% 10	11.24% 10	7.87% 7	12.36% 11	89
stay true	30.68% 27	31.82% 28	15.91% 14	9.09% 8	5.68% 5	0.00% 0	6.82% 6	88
ask around	21.84% 19	18.39% 16	19.54% 17	13.79% 12	11.49% 10	6.90% 6	8.05% 7	87
do it oneself	6.82% 6	9.09% 8	7.95% 7	10.23% 9	14.77% 13	14.77% 13	36.36% 32	88
every week	2.25% 2	2.25% 2	1.12% 1	1.12% 1	6.74% 6	15.73% 14	70.79% 63	89
by name	8.99% 8	12.36% 11	12.36% 11	12.36% 11	12.36% 11	12.36% 11	29.21% 26	89
at a profit	29.21% 26	28.09% 25	12.36% 11	10.11% 9	7.87% 7	4.49% 4	7.87% 7	89
without wings	30.34% 27	28.09% 25	17.98% 16	11.24% 10	2.25% 2	3.37% 3	6.74% 6	89
feel at home	23.60% 21	14.61% 13	15.73% 14	15.73% 14	11.24% 10	6.74% 6	12.36% 11	89

ベーシック統計	最低値	最高値	中央値	平均値	標準偏差値
now and then	1.00	7.00	3.00	3.47	2.02
stay true	1.00	7.00	2.00	2.55	1.66
ask around	1.00	7.00	3.00	3.28	1.87
do it oneself	1.00	7.00	6.00	5.07	1.98
every week	1.00	7.00	7.00	6.38	1.30
by name	1.00	7.00	5.00	4.61	2.08
at a profit	1.00	7.00	2.00	2.84	1.87
without wings	1.00	7.00	2.00	2.64	1.72
feel at home	1.00	7.00	3.00	3.46	2.02

図 1　Survey Monkey で得られるデータの例

4.　データ収集手順

4.1　協力者

　調査に先立ち、20 名の大学生・大学院生を対象にパイロット調査を実施し、所要時間の確認や説明文、練習問題の難易度などの修正を適宜行ったうえで、関西地区にある 11 大学で調査を行った。日本の大学で英語を外国語

として学ぶ 1,050 名の学習者を対象とし、そのうち、全項目への回答を完了した 1,012 名を分析対象とした。

　5 つのリストがなるべく均等に使用されるように配慮した。習熟度別で割り振ることはせず、1 つのクラス内でバランスよく配分することとした。リスト配分から生じる煩雑さを軽減するため、QR コードでのアクセスという方法を取ったが、QR コードリーダーを持たない学生がいる場合は、リンク先の板書もしくはパワーポイントの提示で対応した。

4.2　Web アンケート調査

　「英単語連鎖に関する親密度調査」というタイトルで Web アンケート調査を行った。最初のページには、調査の「目的」として以下のインストラクションを載せた(図 2)。

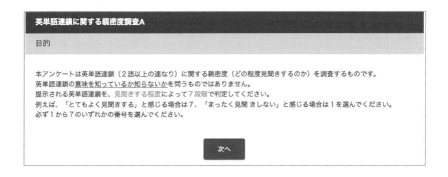

図 2　調査の「目的」

　ここでのポイントは、1)親密度の定義がどの程度見聞きするかということであり、意味を知っているか知らないかではないことと、2)『英単語親密度調査(文字編)』(横川(編), 2006)に倣い、判定の段階を 1〜7 にしたことである。

　次のページでは、具体的な注意事項を以下の通り説明した(図 3)。

英単語連鎖に関する親密度調査A

方法

(1) 1語1語の単語としてではなく、単語連鎖全体としての親密度を判定してください。

(2) 単語連鎖の中で、"make one's day"、"beside oneself"のように "one's" や"oneself" を含む場合はそれぞれmy、him、herなどや、myself、himself、herselfなどに置き換えて判断してください。

(3) 所要時間は目安として1ページ2分、全体で20分です。

(4) 1ページにつき10項目、合計10ページあります。
なお、前のページに戻ることはできません。

指示があるまで「次へ」をクリックしないでください。

図3　調査の「方法」

　本番の前に、比較的平易だと思われる10問の練習問題に取り組ませた。これらの問題は、協力者ごとにランダムな順序で提示した(図4)。

練習

1. 次のフレーズを、見聞きする程度によって7段階で判定してください。例えば、「とてもよく見聞きする」と感じる場合は7、「まったく見聞きしない」と感じる場合は1を選んでください。必ず1から7のいずれかの番号を選んでください。

	全く見聞きしない 1	2	3	4	5	6	とてもよく見聞きする 7
now and then	○	○	○	○	○	○	○
stay true	○	○	○	○	○	○	○
ask around	○	○	○	○	○	○	○
do it oneself	○	○	○	○	○	○	○
every week	○	○	○	○	○	○	○
by name	○	○	○	○	○	○	○
at a profit	○	○	○	○	○	○	○
without wings	○	○	○	○	○	○	○
feel at home	○	○	○	○	○	○	○

図4　練習問題の冒頭部

　本番の直前で、下記のインストラクションおよび注意事項を再提示した(図5)。

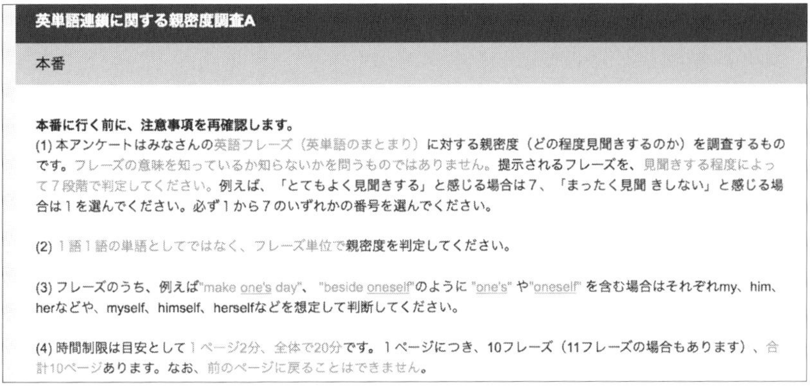

図 5　本番のインストラクション

　チェックの間違いを減らすため、次のページから始まるアンケートページの上部には 7 段階の判定についての説明を、1 の部分に「全く見聞きしない」、7 の部分に「とてもよく見聞きする」という記載を、それぞれ再提示した（図 6）。

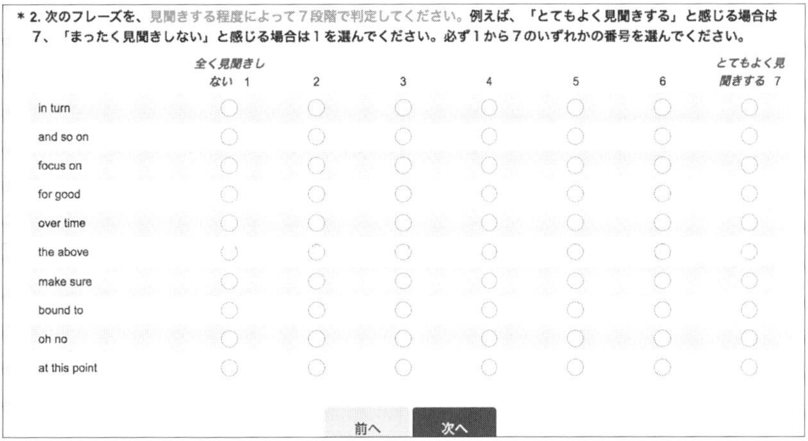

図 6　本番のアンケートページ

　本番のポイントは、1)ページ内(10 項目)およびページ間(10 枚)について
ランダム提示としたこと、2)回答忘れを防ぐため、全項目を回答必須の設
定にしたことである。

　調査の最後に、学校名、学部・学科、学生番号、氏名、年齢、性別の記入
欄を設けた。また、自らの英語力については、CEFR[1](A1〜C2)を基準とす
る自己申告制とした(図 7)。

---

14. あなたの英語力を教えてください。下記のどのレベルに該当しますか。1 つ選んでください。

○ CEFR C2

○ CEFR C1、英検1級、TOEIC 945以上

○ CEFR B2、英検準1級、TOEIC 785〜940

○ CEFR B1、英検2級、TOEIC 550〜780、TOEIC Bridge 156以上

○ CEFR A2、英検準2級、TOEIC 225〜545、TOEIC Bridge 90〜154

○ CEFR A1、英検5級〜3級、TOEIC 120〜220、TOEIC Bridge 88 以下

○ 不明

図 7　英語力に関するアンケート

4.3　実施方法および実施環境

　各大学でまんべんなく 5 つのリストを使用し、教員による事前説明と指示の
徹底のため、教室での実施を必須とした。学生は、CALL 教室ではコン
ピュータ、普通教室では各自のスマートフォンでアンケートにアクセスした。

5.　おわりに

　本章では、英語学習者フォーミュラ親密度リストの作成方法とデータ収集
の手順について述べた。本調査に関連する先行研究の中から、Martinez and

1　Common European Framework of Reference for Languages: Learning, teaching, assessment
　(外国語の学習・教授・評価のためのヨーロッパ言語共通参照枠)を指す。外国語の運用能力を、
　言語の枠や国境を越えて同一の基準で示す国際的な指標である(https://eigonotomo.com/
　hikaku/cefr)。

Schmitt（2012）のフォーミュラリストを参考にすることとし、このリストに基づくフォーミュラの選定方法やデータ収集手順について説明した。結果については第 3 部で述べる。

まとめ

・フォーミュラの選定方法について説明した。
・調査手順や刺激の選定方法・統制方法など、研究デザインを組むうえで参考になる情報を提供した。
・データ収集手順について、Survey Monkey による Web アンケートの実施内容をまとめた。

── ● **For further study: 今後の研究のためのヒント** ● ──
　●フォーミュラの選定方法やデータ収集手順について、ほかにどのような可能性が考えられるだろうか。

第3部

フォーミュラ親密度研究
―結果と考察―

第1章　全体的傾向

━━● 概要 ●━━

　本章では英語学習者を対象としたフォーミュラ親密度データの全体的
傾向を英単語の親密度調査の結果(横川(編), 2006)との比較から述べ
る。まず、英単語の親密度調査の結果と異なる傾向として、英語学習者
のフォーミュラに対する親密度の評定平均値順位と BNC の頻度順位と
の相関は中程度に留まることがわかった。また、横川(編)(2006)では
長い単語になるほど親密度が下がっていたが、フォーミュラでは同様の
結果が得られないことがわかった。さらに、先行研究との違いが見られ
る原因となるいくつかの項目を取り上げて提示し、リストの活用方法の
例から、教育的示唆を述べる。

キーワード：L2 メンタルレキシコン、英語学習者、フォーミュラの
　　　　　　　親密度

1.　はじめに

　本章では筆者たちが実施した英語学習者を対象としたフォーミュラ親密度
調査の結果を、英単語の親密度調査の結果(横川(編), 2006)と照らし合わせ
ながら報告する。

　ことばの理解や産出の際にメンタルレキシコン内の語彙情報にアクセスす
る認知過程には、様々な要因が影響していることが知られている。そうした
要因の中でよく取り上げられるものとして、語の生起頻度がある。語の生起
頻度はコーパス(話しことばや書きことばを大量に収集し、電子化した言語
データ)の中で，ある語の使用回数を計測することで得られる、客観的指標
である。先行研究では、高頻度語は低頻度語に比べて音読潜時や各種判断課
題等の反応時間が短く、誤答率が低いことがわかっている。このことは、通
常、高頻度語が低頻度語よりもメンタルレキシコン内で検索されやすい状態
にあることを示していると考えられている(第 1 部参照)。

　近年、語の生起頻度とともによく取り上げられる要因に、親密度がある。
親密度とは、「どの程度よく見聞きすると感じるか」という「なじみ度」を

表す主観的指標である。言語認知には、客観的指標である生起頻度のみなら
ず、主観的指標である親密度が重要な役割を果たしていると言われている
（第 2 部第 1 章参照）。メンタルレキシコン内には形態素・単語および複数
の語から構成されるフォーミュラ（定型表現）に至るまで多様なサイズの項目
が存在すると仮定されている。親密度に関する知見は単語を中心に蓄積され
ているが、単語のレベルを超えた L2 フォーミュラに関する大規模な親密度
調査は管見の限り見当たらない。そのため、本書では、英語学習者のフォー
ミュラ親密度リストの作成を試みた。具体的には、日本語を母語とする約
1,000 名の大学生を対象として、英語のフォーミュラ 501 項目に対する親密
度調査を行った（調査の詳細は第 2 部第 2 章）。さらに、その結果に基づき、
主観的指標である親密度データの様相を検証した。

2.　英単語の親密度に関する先行研究

　英語学習者のフォーミュラ親密度調査の結果について述べる前に、英単語
の親密度に関する先行実証研究（横川（編）, 2006）から得られた知見を示す。
この英単語の親密度調査では、日本人大学生 822 名が英単語の親密度評定
を 1〜7 段階で行った。使用された語は BNC（British National Corpus）から
選出された頻度順位の高い語だが、上位数百語で生起頻度数が急に下がるた
め、特殊な分布を示した。そのため、両者の順位データから相関係数を算出
している。スピアマンの順位相関分析の結果、親密度評定平均順位と BNC
頻度順位との間にやや強い相関（$r_s = .605, p < .01$）があったと報告されてい
る。また、長い（文字数が多い）単語ほど親密度と BNC 頻度が下がることも
指摘されている（p. 86）。これらの結果から、次の 2 点をリサーチ・クエス
チョンとしてあげ、同様の結果がフォーミュラの親密度においても見られる
のかどうかを調査した。

1.　英語学習者のフォーミュラに対する親密度は、単語に対する親密度
　　と同様に、生起頻度と関連があるのか？
2.　英語学習者のフォーミュラに対する親密度は、単語に対する親密度

と同様に、フォーミュラの長さと関連があるのか？

3.　フォーミュラの親密度と頻度の関係

　表1と図1は調査対象となったフォーミュラ 501 項目のデータを示している。親密度評定平均値は 4～6 未満のものが非常に多いことがわかる。

表 1　フォーミュラの記述統計量($N = 501$)

	M	SD	Mdn	Min	Max
親密度評定平均値	4.779	0.956	4.860	2.140	6.740
BNC 頻度数 (/100M)	3,961.601	6,223.860	2,022.000	787.000	83,092.000
語数	2.327	0.562	2.000	2.000	4.000
音節数	2.667	0.787	3.000	2.000	6.000
文字数	8.240	2.488	8.000	3.000	17.000

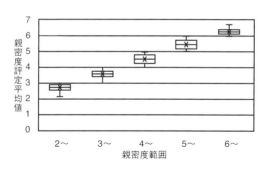

図 1　親密度評定平均値別のデータ

　図2は親密度評定平均値と親密度評定平均値順位の関係を示したものである。この図から、親密度評定平均値順位の 400 位あたりから急速に親密度評定平均値が下がることがわかる。

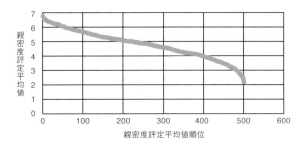

図 2　親密度評定平均値と親密度評定平均値順位

　図 3 は BNC 頻度数[1] と BNC 頻度順位の関係を示している。先行実証研究
（横川（編），2006）同様、上位数 10 語以降は頻度数が急に下がることがわか
る。また、have to や there is のような、突出して頻度数が高い外れ値が存
在している。

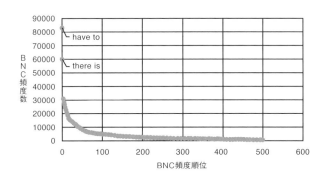

図 3　BNC 頻度数と BNC 頻度順位

　図 3 で示した BNC 頻度数の特殊な分布と外れ値を考慮して、フォーミュ
ラの親密度評定平均値と BNC 頻度数の順位データから相関係数を算出し
た。図 4 は親密度評定平均値順位と BNC 頻度順位から見た分布を示したも
のである。スピアマンの順位相関係数（同順位が複数ある場合は平均順位を

1　ただし、Martinez and Schmitt（2012）に準拠したものである。

求めている）を求めた結果、親密度評定平均値の順位と BNC 頻度数の順位は r_s = .472 の有意な正の相関を示した（r_s = .472, p < .001, 95% CI [0.401, 0.537]）。相関の強さは中程度以上であり、親密度評定平均値が高いフォーミュラは BNC 頻度数が高い傾向にあるといえる。

　先行研究と本研究では、語やフォーミュラを選定する際に使用したリストが異なるうえ、BNC 頻度数の数え方も異なる。そのため、単純に比較することには慎重になるべきだが、念のため相関係数の差を検定した結果、有意差があることがわかった（z = 3.89, p < .001）。英語学習者のフォーミュラに対する親密度の評定平均値順位と BNC の頻度順位との相関は中程度に留まっており、やや強い相関を示した先行研究とは差があると考えられる。

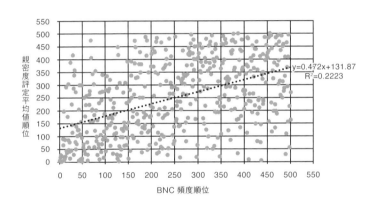

図 4　親密度評定平均値順位と BNC 頻度順位からみた分布

4.　フォーミュラの親密度と長さの関係

　先行実証研究（横川（編）, 2006）では、グラフの観察から、長い単語ほど親密度と BNC 頻度順位が下がる傾向にあることを指摘している。さらに、親密度の評定平均値順位と BNC の頻度順位にやや強い相関が見られることを考慮し、長い単語ほど BNC 頻度順位が下がることがこの現象に大きく関係している可能性があり、更なる分析が必要であると述べている。

　本研究ではフォーミュラが分析対象であるため、長さを語数、音節数およ

び文字数に分けて考えた。親密度との相関は語数($r_s = -.125, p = .005, 95\%$ CI $[-.210, -.037]$)、音節数($r_s = -.158, p < .001, 95\%$ CI $[-.243, -.072]$)および文字数($r_s = .195, p < .001, 95\%$ CI $[-.278, -.110]$)いずれにおいても見られなかった[2]。図5は、フォーミュラを文字数で(3〜14)でグループ分けし、それぞれのグループのデータを示したものである。この図からわかるように、フォーミュラが長ければ親密度が下がるという単純な傾向は見て取れない。

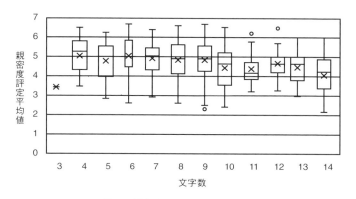

図5　親密度評定平均値と文字数

　1つ目のリサーチ・クエスチョン(英語学習者のフォーミュラに対する親密度は、単語に対する親密度と同様に、生起頻度と関連があるのか?)に対しては、中程度の相関があったといえる。フォーミュラの親密度に関しては、単語の時とは異なり、生起頻度と親密度との関係は相関が弱まっており、差が見られる。つまり、フォーミュラに対する親密度に関しては、単語よりは生起頻度が親密度の指標とはなりにくいことがわかった。習熟度や言語経験の差など、他の要因が影響している可能性はあるが、親密度評定平均値が低いのに BNC 頻度数が高い、もしくは反対にフォーミュラ親密度評定が高いのに BNC 頻度数が低いものが存在していることが一因となっている可能性は高い。2つ目のリサーチ・クエスチョン(英語学習者のフォーミュラに対す

2　ピアソンの相関係数のほうが値は大きかったが、いずれも相関はなかった。

る親密度は、単語に対する親密度と同様に、フォーミュラの長さと関連があるのか？）に対しては、フォーミュラの長さは親密度に大きな影響を及ぼしていない可能性を指摘できる。この結果は、フォーミュラの各構成語をどのように認知しているのか、さらに言えば、まとまりとして認知しているのか否かという問題に関係する可能性がある。フォーミュラの各構成語の親密度や参加者の習熟度ごとの分析等の多角的な視座からの、より詳細な分析を重ねることで、この問題に言及できる可能性は高まるだろう。

5.　親密度評定平均値が低く BNC 頻度数が高い項目について

　先行研究との違いを考察するうえで、親密度評定平均値が低く、BNC 頻度数が高い項目とフォーミュラ親密度評定が高く、BNC 頻度数が低い項目の存在を指摘したが、こうした項目を見ていくことは教育上重要であろう。親密度評定平均値が低く BNC 頻度数が高い項目を順位の差の大きい順に 1～20 位まで並べると、or two, sort of, was to, a further, have got to, or so, entitled to, have got, sort out, in favour, is to, on behalf of, prior to, a bit, a range of, seek to, led by, the following, out there, in terms of となる。この中には entitled to, on behalf of, prior to および a range of のように親密度が非常に低い下線部の単語が入っているために親密度評定平均値が低くなっている可能性が高い表現もある。しかし、ほとんどの単語の親密度は 6 以上で、親密度は高い。最も特徴的なことは、or two, sort of, have got to, or so, have got, a bit 等、学習者がテキストでは見ることが少ない口語表現が散見されることだろう。また、イギリス英語に特徴的なフォーミュラ（sort of, a bit, have got to, have got）が見られるのも興味深い。日本における英語学習で触れる機会は少ないが、現実には頻繁に使用されている表現を教育する側が認識し、教えていくことは意義深いことだと考える。

6.　親密度評定平均値が高く BNC 頻度数が低い項目について

　反対に、親密度評定平均値が高く BNC 頻度数が低い項目を 1～20 位まで並べると、how about, keep on, take care of, would you like, to go, as good as, long ago, the other day, get on, look to, at work, up and down, by the way, stand for, get away, back up, to me, come up to, make up one's mind, I'm afraid となる。これらは日本の英語学習者が過剰に親しんでいる項目であると考えられる。個々の単語の親密度も非常に高く、一番低くても afraid の 5.46 である。こうした項目が生まれる背景としては、テキストで使用される頻度が高く、(そのため)受験用の(英熟語の)問題集等においてもよく見られ、さらに教育者が授業等で多用するなど、様々な要因が考えられる。逆にいえば、こうした項目を分析することで、現実に即した、より実践的な教材を作成することや、Classroom English を再考することが可能になると考えられる。

　リスト全体の中で、親密度評定順位と BNC 頻度順位の差が特に大きい項目を取り上げた。ここでは簡単なリストの活用方法の例を述べたが、アイディア次第で学習者と教育者双方にとって有益な使用方法が生まれる可能性が高まるだろう。

本章は 2016 年 8 月 20 日に獨協大学で開かれた全国英語教育学会で発表した「日本人英語学習者の定型表現親密度調査」(磯辺ほか，2016)を改変したものである。

まとめ

・英語学習者のフォーミュラ親密度評定平均値は BNC 頻度数と中程度の相関が見られる。

・英語学習者のフォーミュラ親密度評定平均値はフォーミュラの長さ、つまり語数や音節数、文字数には影響を受けない可能性がある。

・フォーミュラのリストには、様々な活用方法がある。

● For further study: 今後の研究のためのヒント ●

● 今回の調査では BNC 頻度数を用いたが、COCA (Corpus of Contemporary American English) 等、他のコーパスを用いた場合は何か違いが見られるだろうか。

● フォーミュラのリストの活用方法を考えてみよう。

第2章　品詞の観点から

● 概要 ●

　フォーミュラ親密度リストのデータを、品詞の観点から探索的に分析した。まず品詞の重要性を説明したのち、品詞タグ付けのための基準について検討する。そして、本章の研究のフォーミュラリストの項目が品詞によってどのように異なりうるのか、構成語の種類による異なった傾向から何が示唆されるのかについて考察する。

キーワード：フォーミュラ、品詞、親密度

1.　はじめに

　前章で示唆されたように、単語親密度とフォーミュラ親密度は異なったものであり、フォーミュラ親密度の形成プロセスには単語親密度とは異なった様々な要因が関与していると考えられる。本章では品詞の観点から、フォーミュラについて概観する。

2.　品詞という観点について

　本論に進む前に、品詞という分析観点を選択した理由について説明する。第一の理由として、言語知識や処理の重要な側面である文法の観点を取り入れる試みであることが挙げられる。統語論が言語学の主要領域の一つであることが示すように、言語知識や処理における統語（文法）の役割は軽視することができず、これは語彙知識や処理についても同様である。Levelt（1989）のメンタルレキシコンのモデルが示す通り、心内辞書の語彙エントリーのレマは意味的情報のみでなく文法的情報も含んでおり、語彙知識や処理は文法知識や処理と切り離すことができない。第二の理由として、品詞という文法的側面の実用可能性が挙げられる。文法側面の中でも、品詞という分け方は日本における英語学習者や英語教育関係者に馴染み深いものである。現に、多くの教科書や教材が品詞の観点から語彙を分類しており、名詞・動詞・形容詞・副詞といった分類法は知名度が高い。本フォーミュラ親密度リストの

使用可能性の展望が教育実践における活用を含むことを考えると、広く活用されている品詞の観点を文法的観点として採用することで、研究発展の可能性や教育応用の可能性が高くなると考えられる。

3.　フォーミュラの品詞タグ付けの基準

　品詞の観点からフォーミュラの特徴を検討するためには、各フォーミュラの品詞を特定する（タグ付けする）必要がある。個別の語彙項目の品詞タグ付けであれば、既に確立された分類があり、学習者用の辞書間の違いもほとんど見られない。それに比べ、フォーミュラに品詞タグ付けをするための方法は確立されておらず、次のような複数の可能性が考えられる。

　　基準 1　形式による分類
　　基準 2　機能による分類
　　基準 3　記述的分類

　基準 1 は、主観的判断を避け、機械的に主要語を抽出して判断する方法である。具体的には、n 語目の情報が明らかに不適切な場合は n + 1 語目の情報を採用する、といったアルゴリズム的抽出法が考えられる。とはいえ、どの単語を主要語とするかについては主観が入り込む余地があるという問題点がある。本研究の元となる Martinez and Schmitt（2012）のリストについても、純粋に客観的基準で選定された項目からなるわけではなく、教育的配慮という主観の介在のうえで作成されている。このことを鑑みると、純粋に形式による分類が困難な際は、機能等に基づいた主観的な判断を取り入れることも一考であると考えられる。

　基準 2 は、文中における機能に着目し、主観的かつ柔軟に判断する方法である。具体的には、対象のフォーミュラが使われる文脈の前後の単語の品詞をもとに判断する方法や、フォーミュラと同義の一単語の品詞をもとに判断する方法などが考えられる。ただし、実際にこの基準でタグ付けを試みると、一筋縄ではいかないことがわかる。文脈を使用する方法では、与えられ

た文脈によって異なった判断を生む可能性があり、評定者によって異なった判断となることが多々起こりうる。後者の方法については、対応する一語の単語がすべてのフォーミュラにあるわけではなく、どの単語がどのフォーミュラと対応するかを検討する際にも多くの異なった可能性があり、評定者間の合意を見ないことが頻繁に起こりうる。

　基準 3 は、各項目に単独の品詞タグを付与する代わりに、フォーミュラの構成語の品詞の組み合わせを記述するに留める方法である。コーパスからデータを抽出することで機械的かつ客観的にデータの産出が可能であり、恣意的判断が入り込む余地がないことから誰が評定者であっても意見が一致するという利点がある。本研究では基準 3 に基づいてタグ付けを行う。

4.　記述統計

　BNC コーパスの分類に基づいて品詞タグ付けを行った結果は表 1 の通りである。

表 1　品詞情報

フォーミュラ品詞分類 （第一構成語に基づく）	項目数	割合 （%）	例
動詞（VBB, VBD, VBG, VBI, etc.）	**163**	**32.5**	take into account; focus on
前置詞（PRF, PRP）	**125**	**25**	at times; in the same way
冠詞（AT0）	**45**	**9**	a range of; the extent to which
副詞（AV0）	**41**	**8.2**	instead of; along with
形容詞（AJ0, AJC, AJS, DPS, DT0）	**38**	**7.6**	prior to; consistent with
接続詞（CJC, CJS, CJT）	23	4.6	and so on; as if
名詞（NN0, NN1, NN2, NP0）	16	3.2	day to day; sight of
代名詞（PNI, PNP, PNX, DT0）	15	3	something like; you see
副詞辞（AVP）	7	1.4	up to; out there
疑問詞（AVQ, DTQ, PNQ）	3	0.6	how about; what if
他	24	4.9	
全体	**500**	**100**	

5.　推計統計

　割合が全体の 5% に満たないほど少ない項目は推計統計に不適として分析対象から除外した。結果として、表 1 下線部の項目(動詞フォーミュラ、前置詞フォーミュラ、冠詞フォーミュラ、副詞フォーミュラ、形容詞フォーミュラ、全体)が分析対象として選定された。推計統計分析対象となった品詞別のフォーミュラ頻度(横軸)とフォーミュラ親密度(縦軸)は、それぞれ図 1 の通りである。なお、フォーミュラ頻度データは BNC コーパスから、フォーミュラ親密度データは本研究(前章参照)から得られたものである。統計ソフトウェア SPSS を用いてピアソン相関分析が行われた。

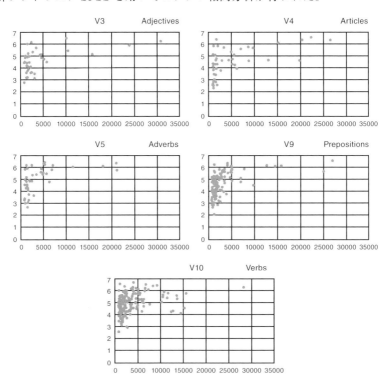

図 1　フォーミュラ頻度とフォーミュラ親密度の品詞別記述統計
(一段目左上から順に、形容詞、冠詞、副詞、前置詞、動詞;X 軸は頻度、Y 軸は親密度)

6.　品詞による違い

（1）　フォーミュラ頻度

　全体（$r = .362$, $df = 499$, $p < .001$）、形容詞フォーミュラ（$r = .507$, $df = 36$, $p < .005$）、冠詞フォーミュラ（$r = .569$, $df = 43$, $p < .001$）、副詞フォーミュラ（$r = .493$, $df = 39$, $p < .005$）、前置詞フォーミュラ（$r = .457$, $df = 123$, $p < .001$）、動詞フォーミュラ（$r = .289$, $df = 161$, $p < .001$）については、フォーミュラ親密度とフォーミュラ頻度との間に中～弱の正の相関が見られた。

（2）　構成語数

　前置詞フォーミュラについてのみ、フォーミュラ親密度とフォーミュラ構成語数との間に弱い負の相関が見られた（$r = -.321$, $df = 123$, $p < .001$）。他の品詞のフォーミュラについては有意な相関は見られなかった。フォーミュラ全体では有意に相関が無いことが示された（$r = -.153$, $df = 499$, $p < .001$）。「短いほどより親密度が高い」現象はこれまで実証的に否定されてきたが、品詞別分析によって異なった結果になりうることが示された。

（3）　フォーミュラ構成語の平均単語親密度

　全体（$r = .220$, $df = 499$, $p < .001$）、形容詞フォーミュラ（$r = .362$, $df = 36$, $p < .05$）、動詞フォーミュラ（$r = .220$, $df = 161$, $p < .005$）については、フォーミュラ親密度とフォーミュラ構成語の平均単語親密度との間に中～弱の正の相関が見られた。他の品詞のフォーミュラについては有意な相関は見られなかった。

（4）　フォーミュラ第一構成語の単語親密度

　動詞フォーミュラについてのみ、フォーミュラ親密度とフォーミュラ第一構成語の単語親密度との間に弱い正の相関が見られた（$r = .335$, $df = 147$, $p < .001$）。他の品詞のフォーミュラについては有意な相関は見られなかった。フォーミュラ全体では有意に相関が無いことが示された（$r = .093$, $df = 475$, $p < .05$）。

(5)　フォーミュラ第二構成語の単語親密度

　形容詞フォーミュラ($r = .343$, $df = 32$, $p < .05$)と冠詞フォーミュラ($r = .449$, $df = 39$, $p < .005$)についてのみ、フォーミュラ親密度とフォーミュラ第二構成語の単語親密度との間に弱い正の相関が見られた。他の品詞のフォーミュラについては有意な相関は見られなかった。フォーミュラ全体では有意に相関が無いことが示された($r = .197$, $df = 471$, $p < .001$)。

(6)　フォーミュラ第三構成語の単語親密度

　前置詞フォーミュラについてのみ、フォーミュラ親密度とフォーミュラ第三構成語の単語親密度との間に弱い正の相関が見られた($r = .254$, $df = 59$, $p < .05$)。他の品詞のフォーミュラについては有意な相関は見られなかった。フォーミュラ全体では有意に相関が無いことが示された($r = .178$, $df = 129$, $p < .05$)。

　以上の結果をまとめたものが表2である。

表2　品詞別分析結果一覧

	#1 フォーミュラ 頻度	#2 構成語数	#3 単語親密度 (構成語平均)	#4 単語親密度 (第一構成語)	#5 単語親密度 (第二構成語)	#6 単語親密度 (第三構成語)
動詞フォーミュラ	.289		.220	.335		
前置詞フォーミュラ	.457	-.321				.254
冠詞フォーミュラ	.569				.449	
副詞フォーミュラ	.493					
形容詞フォーミュラ	.507		.362		.343	
全体	.362		.220			

注．数値はピアソン相関係数；$|r| > .20$ 以上かつ $p < .05$ の有意なもののみ表記

　ここから、図2に示されたような、フォーミュラ構成語とフォーミュラの品詞の関係が示唆される。

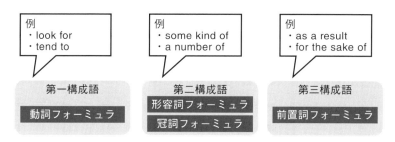

図 2　構成語の語彙親密度とフォーミュラ親密度の関係

　図 2 が示唆することとして、フォーミュラ構成語のうち主要部を成す意味語の語彙親密度が、フォーミュラ親密度に影響を与えている可能性が挙げられる。例えば、動詞フォーミュラの主要部は第一構成語であることが多い一方で、形容詞フォーミュラや冠詞フォーミュラの第一構成語は機能語であり、第二構成語が意味語（名詞）である。前置詞フォーミュラについても、多くは第一構成語が前置詞、第二構成語が冠詞、第三構成語が名詞となっている。ここから、フォーミュラ構成語の中でも、動詞や名詞のなじみ度が、フォーミュラ全体のなじみ度に貢献していることが示唆される。とはいえ、大きくても .5 以下の中程度以下の相関しか見られないことから、構成語の語彙親密度がフォーミュラ親密度に与える影響には制限がある。

　本分析は、品詞とフォーミュラの関係についての探索的研究であり、上記の発見を再解釈し、敷衍することが今後の課題である。

　　本章は Isobe et al. (2017) をもとに加筆・修正したものである。

まとめ

・ 全体・形容詞フォーミュラ・冠詞フォーミュラ・副詞フォーミュラ・前置詞フォーミュラ・動詞フォーミュラについては、フォーミュラ親密度とフォーミュラ頻度との間に中〜弱の正の相関が見られた。

・ 前置詞フォーミュラについてのみ、フォーミュラ親密度とフォーミュラ構

成語数との間に弱い負の相関が見られた。「短いほどより親密度が高い」
現象はこれまで実証的に否定されてきたが、それは品詞別分析をしなかっ
たということが一つの原因と考えられる。

・全体・形容詞フォーミュラ・動詞フォーミュラについては、フォーミュラ
　親密度とフォーミュラ構成語の平均単語親密度との間に中〜弱の正の相関
　が見られた。

・動詞フォーミュラについてのみ、フォーミュラ親密度とフォーミュラ第一
　構成語の単語親密度との間に弱い正の相関が見られた。

・形容詞フォーミュラと冠詞フォーミュラについてのみ、フォーミュラ親密度
　とフォーミュラ第二構成語の単語親密度との間に弱い正の相関が見られた。

・前置詞フォーミュラについてのみ、フォーミュラ親密度とフォーミュラ第
　三構成語の単語親密度との間に弱い正の相関が見られた。

・フォーミュラ構成語のうち、動詞や名詞の語彙親密度がフォーミュラ親密
　度評価に限定的ではあるが影響を与えている可能性が高い。

● For further study: 今後の研究のためのヒント ●

● フォーミュラの品詞はどの方法で特定することが望ましい
　だろうか。

● フォーミュラの品詞を勘案して教材開発をするにあたって、
　本研究の結果からどのような示唆が得られるだろうか。

第3章　習熟度要因からの考察

─● 概要 ●─

　本章の目的は、先述したフォーミュラ親密度調査データを用いて、英語学習者の習熟度要因が、フォーミュラ親密度評定にどのように影響するか探索的に調査することである。まず、親密度評定平均値に関する基本統計量を述べた後、親密度順位上位・下位50項目の特徴を習熟度別に考察する。次に、親密度評定平均順位（以下、親密度順位）とBNC頻度順位（以下、頻度順位）の相関関係を述べ、かつ、親密度順位と頻度順位の差が大きい項目を比較し、フォーミュラ親密度の習熟度別の特徴を明らかにする。

キーワード：親密度評定平均順位、頻度順位、英語習熟度

1.　はじめに

　学習者の英語習熟度は、フォーミュラの親密度評定にどのように影響するのだろうか。本調査における親密度とは、あるフォーミュラに対して「どの程度よく見聞きすると感じているか、その程度（なじみ度）」を表している。よって、フォーミュラ知識（音韻・意味・統語・形態など）の習得程度を直接的に示すものではない。しかし、心的になじみ度が高い表現は、なじみ度の低い項目と比べて、学習者の心の中で出現する頻度（internal or mental frequency）が高く、フォーミュラ知識へのアクセスがされやすいため、習得につながりやすい状況にあると考えられる。よって、学習者の表現に対する親密度が習得度に関係している可能性がある。日本人英語学習者を対象とした単語レベルの親密度（横川（編）, 2006）は、学習者の英語習熟度を反映しているとの調査報告もあり（弥永, 2010）、フォーミュラの親密度にも学習者の英語習熟度が影響すると推察される。そこで本章では、英語習熟度別に親密度評定順位の高い項目・低い項目をそれぞれ抽出し、それらの特徴を考察する。さらに、親密度評定平均順位とBNC（British National Corpus）の頻度順位の関係も習熟度別に検討する。頻度順位に関しては、本調査で用いた

フォーミュラリスト（Martinez & Schmitt, 2012）の付随資料である BNC 頻度順位を用いる。BNC 頻度順位はイギリス英語（書きことば・話しことば）の生起頻度であり、日本人英語学習者が実際に当該表現に出くわす頻度とは必ずしも一致しない。しかしながら、親密度順位と頻度順位との関係を探ることは、フォーミュラ学習・指導への示唆や第二言語処理・習得研究で追究すべき視点を提供するための一助になると考えられる。

　以下、親密度調査データについて述べた後、親密度順位から見たフォーミュラの特徴、親密度順位と頻度順位の比較から見たフォーミュラの特徴について、学習者の英語習熟度の観点から紹介する。

2.　調査データ（英語習熟度別 3 群）

　本調査のデータは、磯辺ほか（2016）で用いた大学生 1,012 名のデータのうち、英語習熟度の確認ができた 640 名のデータを使用した。英語習熟度の確認は、親密度評定のデータ収集の際に、アンケートの一部として行った（図 1）。英語習熟度は、CEFR[1] に基づき 3 群に分けた（表 1）。

---

14. あなたの英語力を教えてください。下記のどのレベルに該当しますか。1つ選んでください。

○ CEFR C2
○ CEFR C1、英検1級、TOEIC 945以上
○ CEFR B2、英検準1級、TOEIC 785〜940
○ CEFR B1、英検2級、TOEIC 550〜780、TOEIC Bridge 156以上
○ CEFR A2、英検準2級、TOEIC 225〜545、TOEIC Bridge 90〜154
○ CEFR A1、英検5級〜3級、TOEIC 120〜220、TOEIC Bridge 88 以下
○ 不明

図 1　英語力に関するアンケート

1　CEFR については、36 ページを参照のこと。

表 1　CEFR に基づいた英語習熟度別群

習熟度別群	下位	中位	上位			
CEFR	A1	A2	B1	B2	C1	C2
参加者数	159	261	220			
レベル内訳	159	261	204	13	1	2

3.　親密度の高い表現と低い表現

3.1　親密度評定の平均値に関する記述統計

　フォーミュラ 501 項目に対する 3 群の親密度評定平均値は表 2 の通りで、習熟度が高いほど平均値も高くなることが確認された。また、標準偏差は習熟度が上がるほど小さくなり、ばらつきが減少している。この傾向は図 2 の習熟度別親密度評定分布で詳細に見ることができる。上位群は親密度評定平均値が 5 以上 6 未満となる項目数が最も多く、評定平均値が 4 以上に約 8 割の表現が分類される。中位群は評定平均値が 4 以上 6 未満の項目数で多く、全体の約 6 割を占める。下位群のみ「全く見聞きしない」に相当する評定平均値 1 以上 2 未満のフォーミュラが存在し、広範囲の評定平均値に分布している。このように習熟度が高くなるにつれ、親密度の高いフォーミュラの度数が増加する様子が見られる。つまり、習熟度が高くなるにつれ、フォーミュラへの親しみ度も高まる様子が確認できる。

表 2　親密度評定平均値

習熟度別群	下位	中位	上位	3 群平均
CEFR	A1	A2	B1 以上	
平均	4.52	4.84	5.20	4.77
標準偏差	1.06	1.02	0.97	0.95

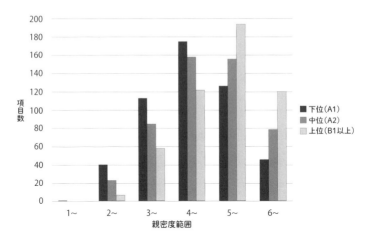

図2　3群（下位・中位・上位）の親密度評定分布

3.2　親密度評定平均順位から見たフォーミュラの特徴

　親密度評定が高いまたは低い表現には、どのようなフォーミュラが含まれるかを考察するため、親密度評定平均順位に基づき、親密度上位・下位それぞれ50項目を抽出したものが表3から表8である。各表の見出しの「フォ」はフォーミュラ親密度を示す。「単1」から「単4」は、フォーミュラを構成する各単語の親密度を指し、横川（編）(2006)に基づいている。「＊」（アスタリスク）は、単語親密度調査の対象語でないことを示す。網掛けの項目は3つの習熟度別群で共通である。

　まず親密度上位50項目に関して、習熟度別3群の共通点として挙げられるのは、どの群においても約75%の項目が中学校英語教科書に連語として扱われていることである。それ以外の項目についても一部(couple, rather)を除き、フォーミュラを構成する個々の単語については、親密度も高く中学校教科書で用いられている単語で構成されていることが明らかになった（中央教育研究所, 2016）。一方相違点は、2語から構成される句動詞(give up, find out, keep on 等)の数に見られる。下位群には句動詞が多く含まれている(16項目)のに対し、中位群(10項目)、上位群(5項目)と習熟度が上がる

につれ、上位 50 位に含まれる句動詞の数が減少する。

　次に習熟度別 3 群の親密度下位 50 項目で共通するのは、その半数にあたる 23 項目が同じ表現であることだ。これらの中には、a mere, by virtue of[2] などのようにフォーミュラを構成する語に親密度が比較的低い内容語が含まれると同時に、the third party などのように構成する内容語の親密度は高い[3] がフォーミュラとしてなじみがないと思われる表現が含まれる。また上位 50 項目と異なり、3 群とも句動詞が少数しか含まれていない。習熟度別 3 群の相違点としては、習熟度が低いほど、親密度が低い内容語を含む表現（例：for the sake of, on behalf of[4]）が下位 50 項目により多く含まれる傾向にある。中・上位群の傾向としては、構成する各語に対するなじみはあるが、フォーミュラとして中学校や高等学校等で触れる機会が少なかったと考えらえる表現（例：in so far as, (be) yet to[5]）が目立つ。

2　横川（編）(2006)によると mere, virtue の単語親密度はそれぞれ 3.00、3.14 である（単語親密度の最大値 7、最小値 1）。

3　party の単語親密度は 6.46 である。third は親密度調査の対象外であった。

4　sake と behalf の単語親密度はそれぞれ 2.98、2.44 と低い傾向にある。

5　「日本人学習者のための英語連語リスト English N-gram List for Japanese Learners of English (ENL-J)」（石川, 2017）を用いて、中高英語教科書コーパス（中学 12 冊、高校 63 冊）およびセンター試験コーパス（過去 27 年分）における当該表現の出現頻度を確認した。その結果、yet to の 10 万語あたりの出現率は 0 であり、in so far as はデータに含まれていなかった。

表3　親密度上位50項目（下位群：CEFR A1）

No.	フォーミュラ	フォ	単1	単2	単3	単4	No.	フォーミュラ	フォ	単1	単2	単3	単4
1	all right	6.81	6.50	6.48			26	such as	6.24	6.25	5.96		
2	last night	6.77	6.62	6.57			27	look for	6.22	6.24	6.71		
3	come back	6.74	6.56	6.18			28	go out	6.22	6.87	6.44		
4	of course	6.68	6.41	5.35			29	no idea	6.22	6.92	6.75		
5	each other	6.68	5.80	6.23			30	for long	6.22	6.71	6.59		
6	give up	6.68	6.69	6.59			31	a lot	6.19	6.35	6.11		
7	have to	6.63	6.43	6.76			32	set up	6.19	6.00	6.59		
8	going to	6.59	＊	6.76			33	by the way	6.19	6.76	6.79	6.39	
9	take off	6.59	6.75	6.76			34	kind of	6.16	6.09	6.41		
10	take care of	6.56	6.75	6.17	6.41		35	long ago	6.13	6.59	6.20		
11	pick up	6.53	5.76	6.59			36	more and more	6.11	6.45	6.80	6.45	
12	used to	6.49	6.09	6.76			37	a few	6.07	6.35	5.85		
13	get up	6.49	6.60	6.59			38	that is	6.07	6.56	＊		
14	so that	6.44	6.29	6.56			39	as long as	6.07	5.96	6.59	5.96	
15	would you like	6.43	5.98	6.92	6.42		40	go on	6.05	6.87	6.67		
16	there is	6.41	6.39	＊			41	at last	6.05	6.23	6.62		
17	come on	6.41	6.56	6.67			42	all the time	6.05	6.50	6.79	6.85	
18	come to	6.37	6.56	6.76			43	at first	6.04	6.23	6.80		
19	a little	6.35	6.35	6.47			44	thanks to	6.03	6.26	6.76		
20	the other day	6.35	6.79	6.23	6.63		45	such a	6.00	6.25	6.35		
21	look like	6.30	6.24	6.42			46	find out	6.00	6.29	6.44		
22	think so	6.30	6.43	6.29			47	make up	5.97	6.62	6.59		
23	keep on	6.30	6.59	6.67			48	call on	5.97	6.34	6.67		
24	next door	6.27	6.47	6.29			49	over there	5.96	6.55	6.39		
25	too much	6.26	6.09	6.59			50	put up	5.96	6.41	6.59		

表 4　親密度上位 50 項目（中位群：CEFR A2）

No.	フォーミュラ	フォ	単1	単2	単3	単4	No.	フォーミュラ	フォ	単1	単2	単3	単4
1	last night	6.84	6.62	6.57			26	look forward to	6.43	6.24	5.13	6.76	
2	have to	6.77	6.43	6.76			27	all right	6.42	6.50	6.48		
3	of course	6.74	6.41	5.35			28	a little	6.42	6.35	6.47		
4	at first	6.71	6.23	6.80			29	no idea	6.42	6.92	6.75		
5	give up	6.68	6.69	6.59			30	by the way	6.42	6.76	6.79	6.39	
6	take care of	6.67	6.75	6.17	6.41		31	take off	6.40	6.75	6.73		
7	in front of	6.67	6.51	5.75	6.41		32	long ago	6.39	6.59	6.20		
8	come back	6.62	6.56	6.18			33	thanks to	6.39	6.26	6.76		
9	there is	6.62	6.39	*			34	look for	6.38	6.24	6.71		
10	a lot	6.62	6.35	6.11			35	in addition	6.38	6.51	4.70		
11	a few	6.61	6.35	5.85			36	as soon as	6.38	5.96	5.95	5.96	
12	would you like	6.59	5.98	6.92	6.42		37	as well	6.38	5.96	6.25		
13	in fact	6.56	6.51	5.87			38	as a result	6.37	5.96	6.35	5.65	
14	more and more	6.53	6.45	6.80	6.45		39	such as	6.36	6.25	5.96		
15	as long as	6.52	5.96	6.59	5.96		40	at all	6.34	6.23	6.50		
16	how about	6.52	6.75	6.47			41	not only	6.34	6.65	6.62		
17	each other	6.51	5.80	6.23			42	going to	6.32	*	6.76		
18	in order to	6.51	6.51	6.04	6.76		43	come on	6.31	6.56	6.67		
19	kind of	6.50	6.09	6.41			44	instead of	6.30	4.80	6.41		
20	those days	6.48	6.19	6.63			45	take part in	6.30	6.75	6.42	6.51	
21	on the other hand	6.48	6.67	6.79	6.23	6.39	46	look like	6.29	6.24	6.42		
22	used to	6.47	6.09	6.76			47	over there	6.29	6.55	6.39		
23	so that	6.46	6.29	6.56			48	at least	6.29	6.23	4.43		
24	I'm afraid	6.46	*	5.46			49	next to	6.26	6.47	6.76		
25	pick up	6.44	5.76	6.59			50	turn on	6.25	6.18	6.67		

表 5　親密度上位 50 項目（上位群：CEFR B1 以上）

No.	フォーミュラ	フォ	単1	単2	単3	単4	No.	フォーミュラ	フォ	単1	単2	単3	単4
1	a lot	6.88	6.35	6.11			26	right now	6.56	6.48	6.81		
2	of course	6.86	6.41	5.35			27	good at	6.56	6.86	6.23		
3	last night	6.83	6.62	6.57			28	there is	6.55	6.39	＊		
4	give up	6.81	6.69	6.59			29	thanks to	6.54	6.26	6.76		
5	each other	6.81	5.80	6.23			30	rather than	6.54	5.13	6.00		
6	such as	6.78	6.25	5.96			31	a number of	6.53	6.35	6.51	6.41	
7	look for	6.77	6.24	6.71			32	at the time	6.53	6.23	6.79	6.85	
8	would you like	6.74	5.98	6.92	6.42		33	so that	6.51	6.29	6.56		
9	kind of	6.74	6.09	6.41			34	by the way	6.51	6.76	6.79	6.39	
10	have to	6.72	6.43	6.76			35	as a result	6.51	5.96	6.35	5.65	
11	at first	6.72	6.23	6.80			36	too much	6.51	6.09	6.59		
12	think about	6.72	6.43	6.47			37	after all	6.51	6.87	6.50		
13	as well as	6.72	5.96	6.25	5.96		38	such a	6.50	6.25	6.35		
14	used to	6.69	6.09	6.76			39	how about	6.49	6.75	6.47		
15	a few	6.67	6.35	5.85			40	over there	6.49	6.55	6.39		
16	next to	6.63	6.47	6.76			41	how about	6.49	6.75	6.47		
17	no matter	6.63	6.92	5.15			42	a couple of	6.49	6.35	5.54	6.41	
18	in fact	6.61	6.51	5.87			43	as well	6.48	5.96	6.25		
19	in order to	6.61	6.51	6.04	6.76		44	look like	6.47	6.24	6.42		
20	on the other hand	6.61	6.67	6.79	6.23	6.39	45	at the moment	6.47	6.23	6.79	5.73	
21	at all	6.61	6.23	6.50			46	pick up	6.46	5.76	6.59		
22	not only	6.58	6.65	6.62			47	take care of	6.45	6.75	6.17	6.41	
23	at last	6.58	6.23	6.62			48	as soon as	6.45	5.96	5.95	5.96	
24	these days	6.57	6.19	6.63			49	a little	6.44	6.35	6.47		
25	in front of	6.56	6.51	5.75	6.41		50	more and more	6.44	6.45	6.80	6.45	

表 6　親密度下位 50 項目（下位群：CEFR A1）

No.	フォーミュラ	フォ	単1	単2	単3	単4	No.	フォーミュラ	フォ	単1	単2	単3	単4
1	third party	1.81	＊	6.48			26	or anything	2.70	6.49	6.31		
2	a mere	2.00	6.35	3.00			27	all sorts of	2.74	6.50	＊	6.41	
3	the bulk of	2.08	6.79	＊	6.41		28	entitled to	2.76	＊	6.76		
4	in conjunction with	2.11	6.51	＊	6.54		29	a bit of a	2.76	6.35	4.68	6.41	6.35
5	that sort of thing	2.13	6.56	4.27	6.41	6.05	30	way out	2.80	6.39	6.44		
6	the extent to which	2.56	6.79	3.80	6.76	6.29	31	consistent with	2.81	3.67	6.54		
7	the outset	2.30	6.79	＊			32	in line with	2.81	6.51	6.37	6.54	
8	backed by	2.32	＊	6.76			33	in one's own right	2.81	6.51	＊	5.73	6.48
9	the lot	2.33	6.79	6.11			34	oh dear	2.83	＊	5.29		
10	the odd	2.41	6.79	3.20			35	act on	2.83	5.78	6.67		
11	on behalf of	2.43	6.67	2.44	6.41		36	oh well	2.85	＊	6.25		
12	yet another	2.43	5.11	6.40			37	no sign of	2.86	6.92	6.25	6.41	
13	in accordance with	2.48	6.51	＊	6.54		38	the whole thing	2.92	6.79	4.76	6.05	
14	to some extent	2.50	6.76	6.35	3.80		39	with a veiw to	2.92	6.54	6.35	5.70	6.76
15	in the meantime	2.52	6.51	6.79	＊		40	no such	2.93	6.92	6.25		
16	led by	2.56	＊	6.76			41	could hardly	2.96	6.17	5.24		
17	bear in mind	2.56	4.80	6.51	6.12		42	given that	3.00	＊	6.56		
18	in the absence of	2.57	6.51	6.79	4.35	6.41	43	run by	3.00	6.51	6.76		
19	in a position to	2.57	6.51	6.35	6.27	6.76	44	put forward	3.00	6.41	5.13		
20	or two	2.59	6.49	＊			45	out there	3.00	6.44	6.39		
21	better off	2.59	6.47	6.73			46	as it were	3.04	5.96	6.64	＊	
22	rid of	2.62	3.25	6.41			47	with respect to	3.04	6.54	5.85	6.76	
23	way round	2.62	6.39	5.98			48	for the sake of	3.05	6.71	6.79	2.98	6.41
24	a handful of	2.67	6.35	＊	6.41		49	held that	3.05	＊	6.56		
25	by virtue of	2.68	6.76	3.14	6.41		50	sort out	3.05	4.27	6.44		

表 7　親密度下位 50 項目（中位群：CEFR A2）

No.	フォーミュラ	フォ	単1	単2	単3	単4	No.	フォーミュラ	フォ	単1	単2	単3	単4
1	the bulk of	2.02	6.79	*	6.41		26	oh dear	3.08	*	5.29		
2	third party	2.42	*	6.48			27	in the meantime	3.08	6.51	6.79	*	
3	in conjunction with	2.48	6.51	*	6.54		28	better off	3.13	6.47	6.73		
4	by virtue of	2.51	6.76	3.14	6.41		29	or two	3.15	6.49	*		
5	the extent to which	2.56	6.79	3.80	6.76	6.29	30	in one's own right	3.18	6.51	*	5.73	6.48
6	yet another	2.62	5.11	6.40			31	a go	3.18	6.35	6.87		
7	sort out	2.64	4.27	6.44			32	give rise to	3.19	6.69	5.39	6.76	
8	a mere	2.68	6.35	3.00			33	come to terms with	3.20	6.56	6.76	4.54	6.54
9	the lot	2.69	6.79	6.11			34	act on	3.21	5.78	6.67		
10	backed by	2.69	*	6.76			35	shown to	3.24	*	6.76		
11	the outset	2.71	6.79	*			36	all sorts of	3.25	6.50	*	6.41	
12	no sign of	2.73	6.92	6.25	6.41		37	would appear	3.25	5.98	6.16		
13	to some extent	2.81	6.76	6.35	3.80		38	and all that	3.27	6.80	6.50	6.56	
14	in accordance with	2.81	6.51	*	6.54		39	that much	3.28	6.56	6.59		
15	a handful of	2.82	6.35	*	6.41		40	reflected in	3.31	*	6.51		
16	entitled to	2.84	*	6.76			41	on behalf of	3.33	6.67	2.44	6.41	
17	way round	2.88	6.39	5.98			42	in so far as	3.35	6.51	6.29	5.58	5.96
18	that sort of thing	2.90	6.56	4.27	6.41	6.05	43	to the extent	3.38	6.76	6.79	3.80	
19	oh well	2.92	*	6.25			44	in the light of	3.38	6.51	6.79	6.32	6.41
20	bear in mind	2.92	4.80	6.51	6.12		45	half past	3.38	6.06	5.13		
21	led by	2.94	*	6.76			46	or so	3.38	6.49	6.29		
22	in line with	2.96	6.51	6.37	6.54		47	prior to	3.40	2.26	6.76		
23	the odd	2.96	6.79	3.20			48	straight away	3.40	5.49	6.27		
24	way out	3.03	6.39	6.44			49	aimed at	3.40	*	6.23		
25	all too	3.04	6.50	6.09			50	out there	3.41	6.44	6.39		

表 8　親密度下位 50 項目（上位群：CEFR B1 以上）

No.	フォーミュラ	フォ	単1	単2	単3	単4	No.	フォーミュラ	フォ	単1	単2	単3	単4
1	in conjunction with	2.17	6.51	＊	6.54		26	sort out	3.47	4.27	6.44		
2	the outset	2.30	6.79	＊			27	put forward	3.50	6.41	5.13		
3	the lot	2.49	6.79	6.11			28	and all that	3.50	6.80	6.50	6.56	
4	third party	2.72	＊	6.48			29	way out	3.50	6.39	6.44		
5	yet another	2.74	5.11	6.40			30	that sort of thing	3.50	6.56	4.27	6.41	6.05
6	the bulk of	2.84	6.79	＊	6.41		31	by virtue of	3.50	6.76	3.14	6.41	
7	no sign of	2.94	6.92	6.25	6.41		32	more so	3.53	6.45	6.29		
8	all too	3.00	6.50	6.09			33	run by	3.53	6.51	6.76		
9	backed by	3.00	＊	6.76			34	in line with	3.53	6.51	6.37	6.54	
10	a go	3.09	6.35	6.87			35	the odd	3.55	6.79	3.20		
11	in so far as	3.11	6.51	6.29	5.58	5.96	36	or so	3.56	6.49	6.29		
12	a mere	3.11	6.35	3.00			37	no such	3.58	6.92	6.25		
13	out there	3.13	6.44	6.39			38	of little	3.59	6.41	6.47		
14	the extent to which	3.17	6.79	3.80	6.76	6.29	39	held that	3.60	＊	6.56		
15	as yet	3.28	5.96	5.11			40	touch of	3.61	5.86	6.41		
16	in accordance with	3.30	6.51	＊	6.54		41	that which	3.66	6.56	6.29		
17	better off	3.36	6.47	6.73			42	in a position to	3.67	6.51	6.35	6.27	6.76
18	in the meantime	3.36	6.51	6.79	＊		43	oh well	3.68	＊	6.25		
19	straight away	3.38	5.49	6.27			44	yet to	3.70	5.11	6.76		
20	way round	3.42	6.39	5.98			45	with a view to	3.70	6.54	6.35	5.70	6.76
21	to date	3.43	6.76	6.14			46	half past	3.72	6.06	5.13		
22	led by	3.43	＊	6.76			47	short term	3.74	6.13	4.89		
23	that much	3.44	6.56	6.59			48	would appear	3.74	5.98	6.16		
24	a handful of	3.46	6.35	＊	6.41		49	for some time	3.77	6.71	6.35	6.85	
25	or anything	3.47	6.49	6.31			50	as of	3.79	5.96	6.41		

4.　親密度と頻度の比較

4.1　親密度評定平均順位と頻度順位の相関

　習熟度別の親密度の特徴を考えるため、親密度評定平均順位(以下、親密度順位)と BNC 頻度順位(以下、頻度順位)の関係を見たい。まず、各習熟度別群における親密度順位と頻度順位の順位相関係数を確認した(表 9)。その結果、各群とも、親密度順位と頻度順位の間には中程度の正の相関が認められた。また、習熟度が高いほど相関係数は高い傾向にあった。

表 9　親密度評定平均順位と BNC 頻度順位の相関

習熟度別群	下位	中位	上位
CEFR	A1	A2	B1 以上
相関係数(r)	.409	.469	.476

注：r＝スピアマンの順位相関係数

4.2　親密度順位と頻度順位の比較から見た特徴

　さらに、親密度順位と頻度順位の関係の観点から習熟度別のフォーミュラ親密度の特徴を探るため、親密度順位と頻度順位の差が大きい項目に注目した。「親密度順位が上位で頻度順位が下位(親密度＞頻度)」と「親密度順位が下位で頻度順位が上位(親密度＜頻度)」の項目から、順位差が大きい 50 項目を抽出し、習熟度別群の共通点・相違点を考察した。

4.2.1　親密度順位が頻度順位より上位(親密度＞頻度)

　まず、親密度順位が上位で頻度順位が下位(親密度＞頻度)の 50 項目を習熟度別に見た(表 10 から表 12)。その結果、各群で挙げられている 50 項目のうち 27 項目[6] が一致していた。さらに、これらの項目は中学・高等学校で学習した基本的な表現が中心であることがわかった。一方、3 群間で共通していない表現においては、際立った特徴は見られなかった。

6　27 項目のうち約半数の表現が平成 28 年度版中学校英語教科書に掲載されていることが確認できた(中央教育研究所, 2016)。具体的には以下の項目である：keep on, how about, take care of, to go, as good as, long ago, up and down, by the way, I'm afraid, get away, right now, catch up, thought of (think of)。

表 10　親密度順位＞頻度順位　上位 50 項目（下位群：CEFR A1）

No.	フォーミュラ	フォ	単1	単2	単3	単4	No.	フォーミュラ	フォ	単1	単2	単3	単4
1	keep on	6.30	6.59	6.67			26	come about	4.70	6.56	6.47	＊	
2	how about	5.81	6.75	6.47			27	no idea	6.22	6.92	6.75		
3	take care of	6.56	6.75	6.17	6.41		28	put up	5.96	6.41	6.59		
4	to go	5.80	6.76	6.87			29	common sense	5.03	5.44	6.11		
5	the other day	6.35	6.79	6.23	6.63		30	get away	5.23	6.60	6.27		
6	would you like	6.43	5.98	6.92	6.42		31	for all	5.22	6.71	6.50		
7	look to	5.49	6.24	6.76			32	take off	6.59	6.75	6.73		
8	stand for	5.70	6.22	6.71			33	so far as	5.22	6.29	5.58	5.96	
9	long ago	6.13	6.59	6.20			34	back up	4.87	6.18	6.59		
10	as good as	5.62	5.96	6.86	5.96		35	good at	5.73	6.86	6.23		
11	up and down	5.33	6.59	6.80	6.31		36	by far	4.74	6.76	5.58		
12	in a sense	5.43	6.51	6.35	6.11		37	fond of	4.59	＊	6.41		
13	over time	5.57	6.55	6.85			38	come up to	4.67	6.56	6.59	6.76	
14	next door	6.27	6.47	6.29			39	right now	5.54	6.48	6.81		
15	by the way	6.19	6.76	6.79	6.39		40	catch up	4.89	6.21	6.59	＊	
16	go on	5.19	6.87	6.67			41	no wonder	4.49	6.92	5.87		
17	to me	5.84	6.76	6.71			42	happen to	5.74	6.02	6.76		
18	at work	4.81	6.23	6.49			43	at best	4.56	6.23	6.55		
19	a case of	5.00	6.35	6.15	6.41		44	think so	6.30	6.43	6.29		
20	for long	6.22	6.71	6.59			45	thought of	4.78	5.65	6.41		
21	hold up	4.78	5.32	6.59			46	if you like	5.03	6.40	6.92	6.42	
22	get away with	4.78	6.60	6.27	6.54		47	take for granted	4.84	6.75	6.71	＊	
23	up to date	5.46	6.59	6.76	6.14		48	come across	5.20	6.56	5.46		
24	for good	5.17	6.71	6.86			49	shut up	4.78	3.84	6.59		
25	I'm afraid	5.93	＊	5.46			50	to come	4.48	6.76	6.56		

注：順位差の大きい項目順に挙げている。順位差は最大 477、最小 219（全 501 項目中）であった。フォーミュラ親密度評定は、最大値 6.59、最小値 4.48、平均値 5.43 であった。見出しの「フォ」はフォーミュラ親密度を示す。「単1」から「単4」は、フォーミュラを構成する各単語の親密度を指し、横川（編）（2006）に基づいている。「＊」（アスタリスク）は、単語親密度調査の対象語でないことを示す。網掛けの項目は 3 つの習熟度別群で共通である。

表 11　親密度順位＞頻度順位　上位 50 項目（中位群：CEFR A2）

No.	フォーミュラ	フォ	単1	単2	単3	単4	No.	フォーミュラ	フォ	単1	単2	単3	単4
1	how about	6.52	6.75	6.47			26	come across	5.87	6.56	5.46		
2	take care of	6.67	6.75	6.17	6.41		27	make up one's mind	5.08	6.62	6.59	*	6.12
3	would you like	6.59	5.98	6.92	6.42		28	no idea	6.42	6.92	6.75		
4	keep on	5.76	6.59	6.67			29	right now	6.06	6.48	6.81		
5	to go	5.64	6.76	6.87			30	if you like	5.61	6.40	6.92	6.42	
6	as good as	5.98	5.96	6.86	5.96		31	turn down	5.21	6.18	6.31		
7	long ago	6.39	6.59	6.20			32	to me	5.70	6.76	6.71		
8	at work	5.34	6.23	6.49			33	turn back	4.95	6.18	6.18		
9	a case of	5.53	6.35	6.15	6.41		34	back up	5.25	6.18	6.59		
10	by the way	6.42	6.76	6.79	6.39		35	good at	5.92	6.86	6.23		
11	get away	5.89	6.60	6.27			36	at one time	5.20	6.23	6.91	6.85	
12	up and down	5.42	6.59	6.80	6.31		37	take off	6.40	6.75	6.73		
13	opposed to	5.67	*	6.76			38	catch up	5.23	6.21	6.59		
14	I'm afraid	6.46	*	5.46			39	shut up	5.21	3.84	6.59		
15	the other day	5.67	6.79	6.23	6.63		40	as usual	5.36	5.96	5.38		
16	come about	5.21	6.56	6.47			41	first of all	5.44	6.80	6.41	6.50	
17	come up to	5.31	6.56	6.59	6.76		42	stand for	4.93	6.22	6.71		
18	get on	5.36	6.60	6.67			43	on the one hand	5.48	6.67	6.79	6.23	6.39
19	get away with	5.23	6.60	6.27	6.54		44	in which case	4.81	6.51	6.29	6.15	
20	make out	5.25	6.62	6.44			45	at best	4.75	6.23	6.55		
21	over time	5.56	6.55	6.85			46	thanks to	6.39	6.26	6.76		
22	never mind	5.28	6.33	6.12			47	happen to	5.81	6.02	6.76		
23	add to	6.10	5.31	6.76			48	next door	5.51	6.47	6.29		
24	look to	5.14	6.24	6.76			49	more and more	6.53	6.45	6.80	6.45	
25	by far	5.26	6.76	5.58			50	thought of	5.04	5.65	6.41		

注：順位差の大きい項目順に挙げている。順位差は最大 475、最小 199（全 501 項目中）であった。親密度評定は、最大値 6.67、最小値 4.75、平均値 5.63 であった。網掛けの項目は 3 つの習熟度別群で共通である。

表 12　親密度順位＞頻度順位　上位 50 項目（上位群：CEFR B1 以上）

No.	フォーミュラ	フォ	単1	単2	単3	単4	No.	フォーミュラ	フォ	単1	単2	単3	単4
1	how about	6.49	6.75	6.47			26	up to date	5.91	6.59	6.76	6.14	
2	keep on	6.13	6.59	6.67			27	up and down	5.51	6.59	6.80	6.31	
3	would you like	6.74	5.98	6.92	6.42		28	by far	5.53	6.76	5.58		
4	take care of	6.45	6.75	6.17	6.41		29	in a sense	5.69	6.51	6.35	6.11	
5	to go	6.07	6.76	6.87			30	so far as	5.88	6.29	5.58	5.96	
6	as good as	6.30	5.96	6.86	5.96		31	get away	5.81	6.87	6.27		
7	the other day	6.19	6.79	6.23	6.63		32	come up to	5.39	6.56	6.59	6.76	
8	common sense	6.06	5.44	6.11			33	at best	5.34	6.23	6.55		
9	long ago	6.33	6.59	6.20			34	look to	5.26	6.24	6.76		
10	by the way	6.51	6.76	6.79	6.39		35	come across	5.96	6.56	5.46		
11	right now	6.56	6.48	6.81			36	make use of	5.79	6.62	6.29	6.41	
12	at work	5.67	6.23	6.49			37	no idea	6.34	6.92	6.75		
13	stand for	5.84	6.22	6.71			38	fond of	5.29	＊	6.41		
14	good at	6.56	6.86	6.23			39	owing to	5.22	＊	6.76		
15	never mind	5.74	6.33	6.12			40	happen to	6.26	6.02	6.76		
16	make up one's mind	5.55	6.62	6.59	＊	6.12	41	on average	5.47	6.67	5.95		
17	take for granted	5.94	6.75	6.71	＊		42	little more than	5.70	6.47	6.45	6.00	
18	thought of	5.86	5.65	6.41			43	turn down	5.32	6.18	6.31		
19	I'm afraid	6.38	＊	5.46			44	old fashioned	5.86	6.18	＊		
20	get on	5.70	6.60	6.67			45	make sense	6.07	6.62	6.11		
21	if you like	5.98	6.40	6.92	6.42		46	thanks to	6.51	6.26	6.76		
22	to me	6.07	6.76	6.71			47	in common	6.26	6.51	5.44		
23	add to	6.19	5.31	6.76			48	catch up	5.47	6.21	6.59		
24	as usual	5.97	5.96	5.38			49	for the sake of	5.16	6.71	6.79	2.98	6.41
25	no matter	6.63	6.92	5.15			50	for the moment	5.45	6.71	6.79	5.73	

注：順位差の大きい項目順に挙げている。順位差は最大 451、最小 199（全 501 項目中）であった。親密度評定は、最大値 6.74、最小値 5.16、平均値 5.92 であった。網掛けの項目は 3 つの習熟度別群で共通である。

4.2.2　親密度順位が頻度順位より下位（親密度＜頻度）

　「親密度順位が下位で頻度順位が上位（親密度＜頻度）」の項目を習熟度別に表 13 から表 15 に示す。項目の抽出方法として、まず、親密度順位が頻度順位より下で、順位差が大きい上位 50 項目を習熟度別に抽出した。50 項目のうち、親密度評定平均値が 4 点以上の項目は調査対象から除外した。親密度順位が頻度順位より低い場合でも、親密度平均値から学習者にとってある程度なじみがある項目と考えられるためである。このように抽出された表現において、どの習熟度別群においても、副詞句（例：all but, on behalf of）、過去分詞（例：entitled to, led by）が確認された。

　相違点では、下位群に限定して句動詞（例：take into account, aim to）が見られた。ちなみに、これらの句動詞の特徴として、書きことばや学術的分野での出現頻度が高いことがわかった[7]。先述した、親密度上位 50 語にも下位群において句動詞が顕著に見られたが、それらは「話しことば」での使用頻度が高い項目であり、ここで挙げられている表現とは種類が異なることを付け加えておく。中・上位群の特徴に関しては、難しい構造をもつ表現（例：the extent to which, in so far as）や個々の単語へのなじみがあると思われる項目が目立った（例：or so, to date[8]）。

7　本調査で用いたフォーミュラリスト（Martinez & Schmitt, 2012）の付随資料によると、take into account, aim to は、書きことばや学術的分野での出現頻度が高い表現として区分されている（3 段階のうち最も頻度の高い段階）。

8　or so の構成単語の親密度はそれぞれ 6.49、6.29 であり、to date の場合は 6.76、6.14 である。

表 13　親密度順位＜頻度順位　上位 50 項目（下位群：CEFR A1）

No.	フォーミュラ	フォ	単1	単2	単3	単4	No.	フォーミュラ	フォ	単1	単2	単3	単4
1	or two	2.59	6.49	＊			26	so called	3.50	6.29	＊		
2	was to	3.30	＊	6.76			27	take into account	3.52	6.75	5.82	4.95	
3	sort of	3.41	4.27	6.41			28	oh well	2.85	＊	6.25		
4	in terms of	3.56	6.51	4.54	6.41		29	as a whole	3.86	5.96	6.35	4.76	
5	a range of	3.22	6.35	3.78	6.41		30	as follows	3.38	5.96	5.46		
6	is to	3.81	＊	6.76			31	appeal to	3.83	5.26	6.76		
7	a further	3.62	6.35	4.48			32	this stage	3.10	6.23	5.83		
8	in favour	3.11	6.51	4.93			33	they say	3.70	6.60	6.33		
9	entitled to	2.76	＊	6.76			34	all but	3.11	6.50	6.50		
10	in particular	3.85	6.51	4.74									
11	on behalf of	2.43	6.67	2.44	6.41								
12	a good deal	3.70	6.35	6.86	4.85								
13	prior to	3.10	2.26	6.76									
14	led by	2.56	＊	6.76									
15	on the basis	3.37	6.67	6.79	4.00								
16	sort out	3.05	4.27	6.44									
17	a great deal	3.89	6.35	6.86	4.85								
18	to do with	3.96	6.76	6.41	6.54								
19	aim to	3.52	4.55	6.76									
20	may well	3.89	6.07	6.25									
21	a variety of	3.80	6.35	5.48	6.41								
22	rid of	2.62	3.25	6.41									
23	out there	3.00	6.44	6.39									
24	the above	3.10	6.79	4.73									
25	in accordance with	2.48	6.51	＊	6.54								

注：順位差の大きい項目順に挙げている。順位差は最大 412、最小 212（全 501 項目中）であった。親密度評定は、最小値 2.43、最大値 3.96、平均値 3.3 であった。網掛けの項目は 3 つの習熟度別群で共通である。

表 14　親密度順位＜頻度順位　上位 50 項目（中位群：CEFR A2）

No.	フォーミュラ	フォ	単1	単2	単3	単4	No.	フォーミュラ	フォ	単1	単2	単3	単4
1	or two	3.15	6.49	*			26	the above	3.92	6.79	4.73		
2	sort of	3.60	4.27	6.41			27	to some extent	2.81	6.76	6.35	3.80	
3	have got to	3.84	6.43	*	6.76								
4	a further	3.84	6.35	4.48									
5	seek to	3.89	4.30	6.76									
6	or so	3.38	6.49	6.29									
7	entitled to	2.84	*	6.76									
8	in favour	3.55	6.51	4.93									
9	sort out	2.64	4.27	6.44									
10	prior to	3.40	2.26	6.76									
11	on behalf of	3.33	6.67	2.44	6.41								
12	led by	2.94	*	6.76									
13	so called	3.52	6.29	*									
14	not even	3.68	6.65	6.14									
15	or something	3.58	6.49	6.11									
16	aimed at	3.40	*	6.23									
17	oh well	2.92	*	6.25									
18	out there	3.41	6.44	6.39									
19	in so far as	3.35	6.51	6.29	5.58	5.96							
20	in accordance with	2.81	6.51	*	6.54								
21	to date	3.71	6.76	6.14									
22	in respect of	3.93	6.51	5.85	6.41								
23	short term	3.75	6.13	4.89									
24	the extent to which	2.56	6.79	3.80	6.76	6.29							
25	all but	3.60	6.50	6.50									

注：順位差の大きい項目順に挙げている。順位差は最大 404、最小 199（全 501 項目中）であった。親密度評定は、最小値 2.56、最大値 3.93、平均値 3.38 であった。網掛けの項目は 3 つの習熟度別群で共通である。

表 15　親密度順位＜頻度順位　上位 50 項目（上位群：CEFR B1 以上）

No.	フォーミュラ	フォ	単1	単2	単3	単4
1	or two	3.84	6.49	＊		
2	or so	3.56	6.49	6.29		
3	sort out	3.47	4.27	6.44		
4	to date	3.43	6.76	6.14		
5	entitled to	3.95	＊	6.76		
6	led by	3.43	＊	6.76		
7	in so far as	3.11	6.51	6.29	5.58	5.96
8	on behalf of	3.87	6.67	2.44	6.41	
9	short term	3.74	6.13	4.89		
10	in accordance with	3.30	6.51	＊	6.54	
11	oh well	3.68	＊	6.25		
12	all but	3.92	6.50	6.50		
13	the extent to which	3.17	6.79	3.80	6.76	6.29
14	that much	3.44	6.56	6.59		

注：順位差の大きい項目順に挙げている。順位差は最大 376、最小 194（全 501 項目中）であった。フォーミュラ親密度評定は、最小値 3.11、最大値 3.95、平均値 3.7 であった。網掛けの項目は 3 つの習熟度別群で共通である。

5.　考察

　以上、習熟度別に親密度評定値の高い項目と低い項目、親密度順位と頻度順位との関係について比較・考察した。主な結果を総括すると以下の点が明らかになった。

　親密度評定値の高い項目に関しては、習熟度別 3 群の共通点として、親密度の高い単語で構成された表現や中学で学習したものが際立っていた。一方、相違点として、下位群には中・上位群と比べて、基本的な動詞（例：come, get, give）を用いた句動詞（動詞＋副詞）が多く見られた。句動詞は文の基本であり、かつ、日本の中学・高校で多く教授される（谷ほか，2002）。そのため、フォーミュラとして認識しやすく、なじみ度が高くなったと推察

される。

　親密度の低い項目に関しては、習熟度の異なる 3 群に共通する特徴として、(1)なじみ度が低い語が含まれる表現、(2)構成する単語に対するなじみはあるが、フォーミュラとしてなじみがないと思われる表現、(3)副詞句や過去分詞を含む表現が主に観察された。相違点として、下位群は中・上位群と比較して、フォーミュラ親密度が、構成語に対するなじみ度により左右される傾向がある。本結果は、L2 学習者は語の結合を無視し個々の単語に注目する傾向にあると主張する先行研究に一致する(e.g., Wray, 2002)。本調査ではその傾向が、特に CEFR A1 レベル（初心者レベル）の学習者において顕著であることが示唆された。

　中・上位群の傾向として、難しい構造をもつ表現の親密度が低かった。中・上位群は下位群と比べて、個々の単語に関する知識をある程度持っていると考えられる。そのため、表現の「まとまり」全体の構造にも意識を向けやすく、難しい構造をもつ表現に対し低い評定をしたと考えられる。この点については、さらなる精細な研究が必要である。

6.　おわりに

　本調査は探索的ではあるが、フォーミュラの親密度に関して習熟度別の特徴を多少なりとも浮き彫りにすることができたと言えよう。初級学習者の場合は、フォーミュラを構成する個々の単語に注目する傾向があり、一方で上級学習者は語のまとまりを意識してフォーミュラの親密度判定をしていることが窺えた。

　では、本結果を英語習熟度別のフォーミュラの学習・指導にどのように生かすことができるだろうか。例えば、初級学習者には語のまとまりに意識を向けさせることを中心に、一方で中・上級学習者には、各単語から意味を推測しにくいフォーミュラなどを中心に指導・学習することが大切であろう。ただし、それらの具体的な学習・指導方法や、さらには親密度と頻度の差が大きいものに関する表現を学習・指導する意義や、学習・指導した場合の効果などの議論については、対象の学習者や学習目的など様々な要因を含めて

検討したうえで、稿を改める必要があると考える。

本章は 2017 年 8 月 20 日に全国英語教育学会第 43 回島根研究大会で発表した「日本人英語学習者の定型表現親密度：習熟度別観点からの分析」(杉浦ほか, 2017) を改変したものである。

まとめ

・英語習熟度が高いほど、フォーミュラへの親しみ度が高まる傾向が見られた。

・親密度の高いフォーミュラとして、初級学習者の場合、句動詞が目立った。

・親密度の低いフォーミュラには、初級学習者では、中・上級学習者と比べ、なじみ度の低い単語が含まれている表現が多く、一方で中・上級学習者では、表現を構成する単語へのなじみ度は高くても、フォーミュラとして中学校や高等学校等で触れる機会が少なかったと考えられる表現や難しい構造を含む表現が、多く見られた。

・フォーミュラ親密度評定にあたり、初級学習者は「フォーミュラを構成する個々の単語」に注目する傾向があり、一方で、中・上級学習者は「語のまとまり」を意識する傾向が窺えた。

● For further study: 今後の研究のためのヒント ●

● 本調査では英語習熟度の指標として、英語検定や TOEIC などの総合的英語力を用いたが、語彙力、スピーキング力、リーディング力、リスニング力、文法力などの個別の英語スキルとフォーミュラ親密度の関係を探ることで、第二言語学習および指導により有用な示唆を与えることができるだろう。

● 学習者が産出するフォーミュラの音声データ(例：発話速度、ピッチ曲線、ポーズ長・数)と親密度の関係性を習熟度別に比較し、フォーミュラ親密度に音声・音韻情報がどのように関係しているか検討する余地があるだろう。

第 4 部

フォーミュラ親密度リストを活用した研究例

第1章　フォーミュラ親密度リストの
　　　　信頼性の検証

─● 概要 ●─

　フォーミュラ親密度リストを活用した応用研究の前に、リストの信頼
性を確認する必要がある。リスト作成のデータを提供した参加者とは異
なる大学生を対象にレプリケーション研究を行った。高い相関のある
データが産出されるとともに推計統計についても一貫した結果となり、
フォーミュラ親密度リストの再現性と信頼性が示された。

キーワード：フォーミュラ親密度リスト、信頼性、
　　　　　　　　レプリケーション研究

1.　はじめに

　第3部では、1,000人以上の日本の大学生を対象とした大規模調査に基づ
く英語フォーミュラ親密度リスト（磯辺ほか, 2016）の作成とその分析について
検討した。外国語として英語を学ぶ日本語話者の評定をもとにした英語
フォーミュラ親密度データベースは日本初であり、英語教育や応用言語学の研
究や実践で広く活用が期待される。本章では、まずフォーミュラ親密度リスト
の信頼性を検討したうえで、本リストを活用した研究例について検討する。

2.　信頼性検討の必要性

　データベースの作成にあたっては、データの信頼性（安定して一貫した結
果が得られるかどうか）を検証することが重要である。前章で議論した
フォーミュラ親密度リストは主観評定に基づくものであるが、もしも同様の
調査を他の日本における英語学習者に対して実施した結果が全く異なるもの
であった場合や評定者間に一貫性のない場合は、リストは再現性がなく信頼
性に乏しいものであるということになる。リストが信頼できるものであるか
どうかを確かめるために信頼性を検証することは、応用研究を行うための第
一優先事項であるといえる（Amano, Kasahara, & Kondo, 2007）。

3.　目的

本章の研究の目的は次の通りである。

　　レプリケーション（再現研究）や評定者間信頼性検定を通して、フォー
　　ミュラ親密度リスト（磯辺ほか, 2016）の信頼性を検証すること

4.　方法

　参加者は関西の私立大学に通う大学一回生と二回生である。参加者は、オ
ンラインサーベイを通して各々のフォーミュラの親密度を評定した。一回の
実施につき約 10 分の所要時間であり、オンラインサーベイには Google
Forms が使用された。

　オンラインサーベイでは、まず参加者は調査の説明や研究倫理に関する注
記を読み、疑問点がある場合は質問する機会が確保された。そのうえで、
「私は、上記の文章を読み、理解しました。」、「私の提供する情報は保護さ
れ、匿名の形で扱われます。また、回答内容が成績評価に影響を与えないこ
とを理解しました。」、「私の提供する情報が今後の学術的研究や新しい教材
開発の資料として使用されることに同意します。」といった項目に回答する
ことで、インフォームドコンセントが担保された。

　次の画面で、参加者は各フォーミュラの親密度について 7 段階で評定す
ることが求められた。リスト内の項目はランダマイズされて提示された。問
題文や評定段階数、評定対象フォーミュラなど、第 3 部における研究（磯辺
ほか, 2016）と同一のものを使用することでレプリケーション研究となるよ
うに設計された。具体的な画面の例は図 1 の通りである。

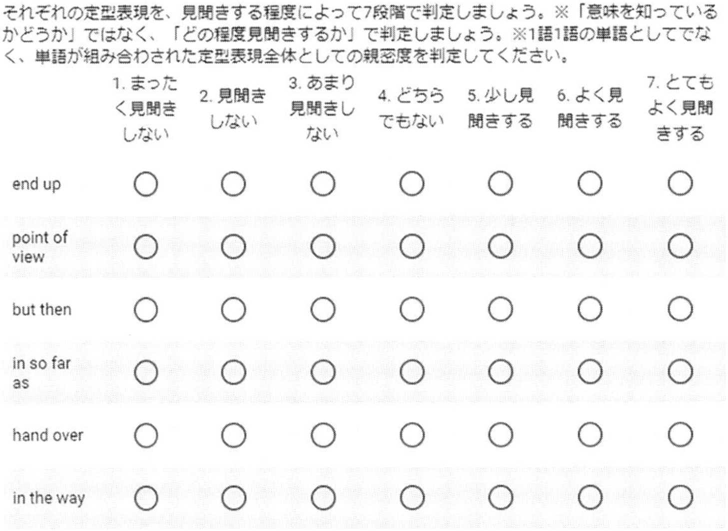

それぞれの定型表現を、見聞きする程度によって7段階で判定しましょう。※「意味を知っているかどうか」ではなく、「どの程度見聞きするか」で判定しましょう。※1語1語の単語としてでなく、単語が組み合わされた定型表現全体としての親密度を判定してください。

	1. まったく見聞きしない	2. 見聞きしない	3. あまり見聞きしない	4. どちらでもない	5. 少し見聞きする	6. よく見聞きする	7. とてもよく見聞きする
end up	○	○	○	○	○	○	○
point of view	○	○	○	○	○	○	○
but then	○	○	○	○	○	○	○
in so far as	○	○	○	○	○	○	○
hand over	○	○	○	○	○	○	○
in the way	○	○	○	○	○	○	○

図 1　フォーミュラ親密度評定タスクの画面例

　なお、第 3 部のデータ収集では各参加者が評定した項目は一部であったのに対して、本研究では参加者が全項目について評定するよう設計された。501 語の全体リストを 10 個の下位リストに分けたうえで、1 週間に 1 リスト、10 週間をかけてリスト全体を評定した。

5.　結果と考察

5.1　クロンバック α 信頼性検定

　下位リストごとにクロンバック α 信頼性検定を行い、評定者の内的一貫性に問題がないかどうか確認した。表 1 の通り、いずれの下位リストについても基準値の .70–.80（Larson-Hall, 2010）を上回る高い信頼性が得られた。評定者間信頼性の高さが示されたため、特定の評定者のデータを除外することは必要ないと考えられる。

表1　下位リストごとの信頼性検定結果

Reliability testing through Cronbach α

Subset 1	(1–50)	α=.982	Subset 6	(251–300)	α=.976
Subset 2	(51–100)	α=.978	Subset 7	(301–350)	α=.965
Subset 3	(101–150)	α=.983	Subset 8	(351–400)	α=.961
Subset 4	(151–200)	α=.972	Subset 9	(401–450)	α=.970
Subset 5	(201–250)	α=.966	Subset 10	(451–501)	α=.974

5.2　全体分析

記述統計は表2の通りである。

表2　記述統計

	項目数	平均値	標準偏差
語数	501	2.33	.56
音節数	501	2.67	.79
フォーミュラ頻度(/100 M)	501	3,961.60	6,223.86
フォーミュラ親密度評定 (第3部：磯辺ほか, 2016)	501	4.78	.96
フォーミュラ親密度評定(本研究)	501	4.97	.61

　第3部の分析と同様に、フォーミュラ親密度と他の要因との相関関係を調査した。ピアソン相関分析の結果、本研究と第3部の研究のフォーミュラ親密度評定平均値の間に、有意な強い正の相関関係が見られた（$r = .91$, $p < .01$）。これを散布図で図示したものが図2である。この結果は、本書のフォーミュラ親密度リストの評定が再現性のあるものであり信頼に値するものであるということを示唆している。

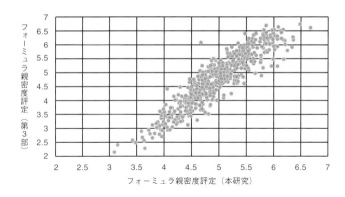

図 2　二種類のフォーミュラ親密度評定結果の関係（$r = .91, p < .01$）

　フォーミュラ頻度、語数、音節数との関係についても統計検定を行った。ピアソン相関分析の結果、第 3 部の研究と同様に、本研究のフォーミュラ親密度評定平均値と頻度との間には弱〜中程度の相関がある一方（$r = .39, p < .01$）、語数（$r = -.18, p < .01$）や音節数（$r = -.18, p < .01$）との間には相関関係は見られなかった。つまり、フォーミュラ親密度とフォーミュラ頻度の構成概念の異なりが示唆されるとともに、フォーミュラ親密度は構成語数や音節数といった単純な表面的・形態的特徴に左右されるのではなくより深い心理的メカニズムに基づくことが示された。また、これは、第 3 部の研究と同じ結果であることから、間接的に第 3 部のデータの再現可能性が支持されたと考えられる。

6.　結論
　第 3 部の研究（磯辺ほか，2016）と本研究とほぼ同じ結果が再現され、本書のフォーミュラ親密度リストに信頼性があることが示される結果となった。本リストを用いた応用研究が求められる（次章以降参照）。

　本章は Kanazawa（2019）に基づく。

まとめ

・フォーミュラ親密度リストには信頼性があることが示された。

───── ● **For further study: 今後の研究のためのヒント** ● ─────

- ●フォーミュラ親密度リストの信頼性を検討するために他に
  どのような方法が考えられるだろうか。
- ●フォーミュラ親密度リストの妥当性を検討するためにどの
  ような方法が考えられるだろうか。
- ●フォーミュラ親密度とフォーミュラ頻度の間の相関が弱〜
  中程度に留まった背景にはどのようなメカニズムが考えら
  れるだろうか。

第2章 親密度、出現頻度がフォーミュラの認知処理に及ぼす影響

心理学実験ソフトを用いた行動実験による検証

● 概要 ●

　これまでの先行研究では、英語学習者の言語の認知処理において、一定の連鎖頻度をもつフォーミュラ(定型連鎖)は他の語連鎖と比較して処理の効率性について優位性をもつということが示唆されている(Isobe, 2011, 2014)。本章では、英語学習者を対象として収集したフォーミュラの親密度という指標がBNCコーパスにおける連鎖頻度と比較して、語連鎖の処理にどのように影響を与えるのか検証した。

キーワード：語連鎖親密度、語連鎖頻度、語順適格性判断課題、
　　　　　　反応速度、正答率

1. はじめに

　一定の連鎖頻度をもつ2語以上の語連鎖であるフォーミュラが他の語連鎖に比べて速く正確に処理されるということはこれまでの先行研究によって明らかになっているが(Isobe, 2011, 2014)、語連鎖の処理に対して連鎖親密度がどのように影響を及ぼすのかはまだ明らかになっていない。これまで先行研究では単語認知において単語親密度が一定の影響を及ぼすことが示唆されているが(横川(編), 2006)、フォーミュラにおいても同様の傾向が見られるであろうか。本章ではIsobe(2011)をもとに語順適格性判断課題を用いて、語連鎖親密度と語連鎖頻度の違いがどのように反応時間、正答率などの行動データに影響を及ぼすのかを検証した。

2. 調査方法

2.1 リサーチ・クエスチョン

　フォーミュラに対する語順適格性判断の正答率と反応時間に、フォーミュラ親密度評定調査によって得られた語連鎖親密度とBNCコーパスにおける

語連鎖頻度はそれぞれどのように影響するであろうか。

2.2　実験参加者

日本の英語学習者 14 名が語順適格性判断課題に参加した。

2.3　調査に用いられた実験刺激について

まずターゲット刺激として、フォーミュラ親密度評定調査によって得られた親密度リストにおいて親密度評定の順位が 1–80 位[1]、211–291 位、421–501 位の 3 つのカテゴリーごとに 81 語ずつフォーミュラを選定して使用した。さらにフォーミュラ親密度評定調査によって得られた親密度リストにおいて親密度評定の順位が 98–140 位に該当する項目（同一順位の項目が複数あるため合計 44 項目）の中から 42 項目、371–408 位に該当する 40 項目を選定し、それらの語順をすべて入れ替えることによってフィラーを作成した。語順適格性判断課題において使用された実験刺激は合計 325 項目であった。表 1 に語順適格性判断課題において使用された実験刺激の例を示す。

表 1　語順適格性判断課題において使用されたターゲット刺激
（親密度評定順位：1–80 位、211–291 位、421–501 位）とフィラーの例

1–80 位	211–291 位	421–501 位	フィラー
look forward to	run out	in line with	with outcome

2.4　調査方法

Isobe（2011）をもとに、心理学実験ソフトウェア（Cedrus 社, SuperLab）を利用して語順適格性判断課題を実施した。図 1 は実験における刺激提示画面と課題手順を示している。

1　「1–81 位」ではなく「1–80 位」なのは、同順位項目が存在することによる。

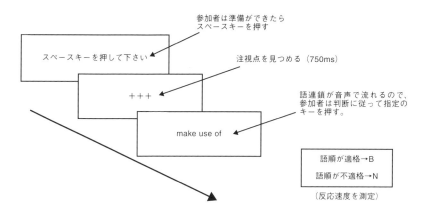

図 1　語順適格性判断課題における刺激提示と課題手順

3.　結果

3.1　反応時間

　表 2 は語順適格性判断課題における反応速度(ms)の平均値、標準偏差を
それぞれ親密度順位カテゴリー(1–80 位、211–291 位、421–501 位)ごとに
示している。

表 2　語順適格性判断課題における親密度順位カテゴリー
(1–80 位、211–291 位、421–501 位)ごとの反応速度(ms)

1–80 位	211–291 位	421–501 位
1,231 (412)	1,780 (653)	2,385 (891)

注：n = 14、(　)内は標準偏差を表す

　フリードマン検定によって有意差検定を行った結果、親密度順位カテゴ
リー(1–80 位、211–291 位、421–501 位)の条件間で有意差があることが明
らかになった($\chi^2(2) = 28.000$, $p < .001$、[1–80 位 < 211–291 位($p = .024$)、
1–80 位 < 421–501 位($p < .001$)、211–291 位 < 421–501 位($p = .024$)])。

3.2　正答率

表 3 は語順適格性判断課題における正答率の平均値、標準偏差をそれぞれ親密度順位カテゴリー(1–80 位、211–291 位、421–501 位)ごとに示している。

表 3　語順適格性判断課題における親密度順位カテゴリー
(1–80 位、211–291 位、421–501 位ごとの正答率)

1–80 位	211–291 位	421–501 位
0.96(0.05)	0.87(0.07)	0.68(0.11)

注：n = 14、(　)内は標準偏差を表す

フリードマン検定によって有意差検定を行った結果($\chi^2(2) = 26.143$, $p < .001$)、親密度順位カテゴリー 1–80 位と 211–291 位の間には有意差が見られなかったが($p = .070$)、1–80 位と 421–501 位($p < .001$)、また 211–291 位と 421–501 位($p = .014$)の間には有意差が見られた。

3.3　相関分析

語順適格性判断課題によって得られた反応速度と正答率のデータが、フォーミュラ親密度評定調査によって得られた親密度と BNC コーパスにおける語連鎖頻度とどの程度関連性があるのかをさらに検証するために、語順適格性判断課題において使用されたターゲット刺激(親密度順位カテゴリー(1–80 位、211–291 位、421–501 位に該当するフォーミュラ)243 項目を対象にして、相関分析を行った。相関分析によって得られた結果を表 4 に示す。

表 4　語順適格性判断課題における反応速度、正答率とフォーミュラ(語連鎖)親密度評定、BNC 語連鎖頻度の間の相関分析結果

	反応速度	正答率	語連鎖親密度	BNC 語連鎖頻度
反応速度	1	-.522**	-.680**	-.275**
正答率		1	.562**	.178**
語連鎖親密度			1	.394**
BNC 語連鎖頻度				1

注：** 相関係数は 1% 水準で有意(両側)、n = 243

3.4　結果まとめ

本章での結果をまとめると以下のように要約できる。

① 反応速度においてはそれぞれの親密度順位カテゴリー（1–80 位、211–291 位、421–501 位）間で有意差があり、順位が高い条件のほうが反応速度が速い傾向が見られた。

② 正答率においては親密度順位カテゴリー 1–80 位と 211–291 位の間には有意差が見られなかったものの、1–80 位と 421–501 位、また 211–291 位と 421–501 位の間には有意差が見られた。親密度順位による影響が正答率にも見られたと考えられる。

③ 相関分析においては、語順適格性判断課題における反応速度と連鎖親密度、BNC 語連鎖頻度また、正答率と連鎖親密度、BNC 語連鎖頻度の間に有意な相関が見られた。とりわけ、反応速度と正答率それぞれが連鎖親密度と高い相関を示しており、BNC 語連鎖頻度との間よりも、関連性が強い可能性がある。

4.　今後の課題と展望

本章では心理学実験ソフトを用いたパソコンによる行動実験として語順適格性判断課題を行うことによって得られるデータにフォーミュラ親密度評定、BNC 語連鎖頻度がどのように影響を及ぼすのかを検証した。反応速度、正答率それぞれにおいて、フォーミュラ親密度評定の影響が一定量見られる結果となり、フォーミュラ親密度評定の一定の妥当性が示される結果となった。

しかしながら、本研究には以下のような限界点があると言える。まず実験参加者数が 14 名ときわめて少ないことが挙げられる。今後の研究ではより多くの実験参加者からのデータを収集することが望ましい。実験参加者数の少なさによって分析手法にも一定の限界点があると言える。加えて、語順適格性判断課題で使用したターゲット刺激は 243 項目と数に限りがあることも挙げられる。より妥当性、信頼性の高い結果を得るためには 501 項目のすべてのフォーミュラを使用して調査を行うことが望まれる。最後に本研究では視覚的提示による語順適格性判断課題を実験課題として採用したが、今

後は音声提示による実験課題も行うことが望ましい。

付録：語順適格性判断課題で使用したターゲット刺激
（順位カテゴリー別・アルファベット順）

	1–80 位	211–291 位	421–501 位
1	a few	a great deal	a go
2	a little	a long way	a handful of
3	a lot	a variety of	a mere
4	a number of	afford to	act on
5	all right	aim to	aimed at
6	as a result	all the way	all but
7	as far as	apart from	all sorts of
8	as good as	as a whole	all too
9	as if	as for	and all that
10	as long as	as though	as of
11	as soon as	as to	as opposed to
12	as well	at best	as yet
13	as well as	at one time	backed by
14	at all	at this point	bear in mind
15	at first	break up	better off
16	at last	by contrast	by virtue of
17	at the time	by no means	come to terms with
18	by the time	by now	consistent with
19	by the way	call for	could hardly
20	carry out	come about	do so
21	come back	common sense	entitled to
22	come on	concerned with	give rise to
23	come to	except that	given that
24	each other	fill in	half past
25	find out	first of all	held that
26	get to	follow up	in a position to
27	get up	followed by	in accordance with
28	give up	for all	in conjunction with

29	go away	for good	in line with
30	go back	for the moment	in one's own right
31	go out	get away with	in so far as
32	going to	go for	in the absence of
33	good at	go into	in the light of
34	happen to	hang on	in the meantime
35	have to	in a sense	key to
36	how about	in effect	led by
37	I'm afraid	in hand	mind you
38	in addition	in need	more so
39	in case	in particular	no sign of
40	in fact	in the same way	no such
41	in front of	in turn	of little
42	in order to	keep up	oh dear
43	in the end	little more than	oh well
44	in time	long before	on behalf of
45	instead of	make out	or anything
46	keep on	make up one's mind	or so
47	kind of	more or less	or two
48	last night	move on	or whatever
49	long ago	never mind	out there
50	look for	on average	prior to
51	look forward to	on one's own	put forward
52	look like	on the one hand	reflected in
53	make up	on the road	run by
54	more and more	once more	short term
55	next to	opposed to	shown to
56	no idea	point of view	so called
57	no matter	point out	sort out
58	not only	regard to	straight away
59	of course	rely on	that much
60	oh no	run out	that sort of thing
61	on the other hand	shake one's head	the above

62	over there	shut up	the bulk of
63	pick up	so as to	the extent to which
64	right now	something like that	the lot
65	set up	subject to	the odd
66	so that	such that	the outset
67	such a	take account of	third party
68	such as	take for granted	to blame
69	take care of	take on	to date
70	take off	take up	to death
71	take part in	the following	to some extent
72	thanks to	the means	to the extent
73	that is	they say	touch of
74	the other day	those who	under way
75	there is	to do with	way out
76	these days	turn back	way round
77	think about	turn down	wealth of
78	think so	when it comes to	with a view to
79	too much	work on	with respect to
80	used to	work out	would appear
81	would you like	you see	yet another

注：「1–81 位」ではなく「1–80 位」なのは、同順位項目が存在することによる。

まとめ

・語順適格性判断課題における反応速度と正答率それぞれに対してフォーミュラ親密度評定の影響があることが示され、日本の英語学習者の言語処理データに対する一定の指標としての妥当性が示唆された。

・フォーミュラ親密度は BNC 語連鎖頻度よりも日本の英語学習者の言語処理データに対する指標としてより妥当性が高い可能性がある。

─ ● **For further study: 今後の研究のためのヒント** ● ─

● 語順適格性判断課題以外にもフォーミュラを用いた行動実験には音読や意味的関連性判断などを用いた様々なものが実施できると考えられる。今後の研究として、複数の種類の行動実験を用いて、親密度データがフォーミュラの認知処理にどのように影響を及ぼしているのか、様々な観点から詳細に検証することが必要であると思われる。

第3章　情動関与処理とフォーミュラ情動価リストの作成

───● 概要 ●───

　本章では、近年第二言語習得・応用言語学の分野でますます注目されている情動（emotion）の観点がフォーミュラ学習に与える示唆について検討するものである。語彙学習が動機づけ研究のターゲットとして選ばれてきた実情に触れつつ、動機づけに代表されるように自己報告可能なマクロ情動とは質を異にした、潜在意識的で時間的スパンの短いミクロ情動も語彙学習に重要な役割を果たすということについての理論と実証研究を紹介する（Kanazawa, 2016）。そのうえで、単なる意味処理を超えて情動関与処理を促すことが記憶認知を促進するという情動関与処理仮説（Kanazawa, 2017）を紹介し、教育の場での実践応用可能性について述べる。最後に、フォーミュラ親密度リスト作成に並行して行われたフォーミュラ情動価（valence）リスト作成について紹介する。

キーワード：応用言語学における情動（EmAL）、ミクロレベル情動、
　　　　　　　情動価、情動関与処理仮説、フォーミュラ情動価リスト

1.　はじめに：情動論的転回

　近年、理論・実践両面においてますます注目を浴びており、哲学・心理学・神経科学・教育学など学問の垣根を越えた学際的な広がりが見られるキーワードの一つとして、情動（emotion, affect, feeling; 情意、感情とも訳される）が挙げられる。古くは Spinoza（1677）の感情論、Peirce（1904/1958）のファネロスコピー（現象学）、Vygotsky（1934/1986）の発達論、Bergson（1907/1911）の創造的情動やホワイトヘッド（1929/1986）の形而上学など、新しくはダマジオ（2010）のソマティックマーカー仮説、Ledoux（1996）の情動脳の理論やチオンピ（2005）のフラクタル感情論理、さらに最新の知見では、Immordino-Yang（2016）の情動的思考や Barrett（2017）の情動のきめ細かさ（granularity）論など、情動が枢要的役割を果たす重要な理論は枚挙にいとまがない。これらの中には TED 等で研究者自身が一般向け講演を行って

いるものも多く、社会的インパクトの大きさが窺える。いずれの理論や知見においても共通して想定・指摘されていることは、知性や理性といった認知(cognition)と情動を根本的に異なる実体であると見なす古い二項対立はもう崩壊したということである。学習や発達は認知的(cognitive)であると同じくらい情動的(emotional / affective)であり、両者の関係は決して切り離されたものやトレードオフではなく、ダイナミックで複雑な不可分である。

　これに呼応するように、第二言語習得や応用言語学の分野でも、Pavlenko(2013)が指摘するように近年「情動論的転回(affective turn)」を迎え、情動は重要なキーワードとなっている。前世紀から既に Krashen(1985)の情意フィルター仮説や Oxford(1990)の情意的方略、Schumann(1997)の神経生物学的理論などが提唱されていたが、今世紀に入ると、アウトプット仮説で有名な Swain らによるヴィゴツキー理論の応用(Swain, 2013)、ヴァンリエ(2009)のエコロジカルアプローチ、Gardner(1985)や Dörnyei and Ushioda(2011)他多くの研究者による動機づけ理論・研究やその様々な派生、学習不安研究(MacIntyre & Gardner, 1989)、学習楽しみ研究(Dewaele & Dewaele, 2017)、Sharwood Smith and Truscott(2014)による MOGUL フレームワークなど影響力を持った記念碑的理論やアプローチがさらに多く誕生した。日本においても、主に動機づけの観点から研究が盛んであり、言語教師認知研究においても認知と感情の関係が検討されている(長嶺, 2014)。近年の動機づけ研究の動向を示す論集の一例は『英語教育』2018 年 6 月号の第 1 特集でも見ることができる(西田ほか, 2018)。応用言語学における情動(Emotion in Applied Linguistics; EmAL)は、理論・実践双方の観点からますます関心を集める重要な研究対象の一つである。

2.　「情動と認知」から「情動的認知＝認知的情動」へ

　第二言語習得における情動の重要性は広く認識されつつあり、多くの研究が行われている。認知と情動が別個独立した実体であるだとか後者は前者に劣るなどとする旧来の存在論は、もはや疑問や違和感なくして迎え入れられなくなった。しかし、認識論としては、情動的側面イコール社会文化的側面

（の一部）であると見なし、認知的側面とは別立てで検討されることが往々にして見られる。方法論としても、King and Mackey（2016）が指摘するように、実験的・量的研究法は純粋に認知的な科学探究のために使用されてきた伝統があり、その際、情動的関与は可能な限り排除・統制されてきた。

　一方で、ナラティブやインタビューなどの手法を活用した質的研究では、認知的アプローチで扱えるように十分に数量化されていない情動的側面について多く研究されてきた。混合研究法等によって克服が図られることが増えているものの、情動を主観的・意識的で自己報告可能なものであると見なして認知的側面から分離させることは、突き詰めれば、克服されたはずの二元論への回帰を意味することは明白である。情動と認知を別立てで検討することを超えた有機的な認識論・方法論が求められている。「情動と認知」ではなく「情動的認知＝認知的情動」を探求することも有望な方向性である。

　一般的・直感的な情動のイメージとは対照的に、情動の中には認知的色彩が強いものがあることも確かであり、意識的で自己報告可能なレベルよりもより繊細で微視的・無意識的な「イマ・ココ（hic et nunc）」に属する情動——チャールズ・サンダース・パース（Charles Sanders Peirce）が第一性（firstness）と呼び、アルフレッド・ノース・ホワイトヘッド（Alfred North Whitehead）の抱握プロセスにおいて主体＝客体として作用するような根源的なフィーリング——が、たとえ誰に気づかれることがなくとも存在し続けていることも確かである。心的機構のフラクタル的階層構造（cf. チオンピ, 2005; 福田, 2006）を鑑みると、このような繊細で潜在意識的な微小情動は、ミクロレベル情動（Micro-Level Emotion）と呼ぶことができる。それに対し、通常「情動」によって意味されるものは、意識化されたり自己イメージに組み込まれたりするのに十分なほどの突出性（salience）や時間的持続をもつ、一定以上のインタビューや質問紙等の方法によって自己報告が可能なものであり、これはマクロレベル情動（Macro-Level Emotion）と概念化することができる。ミクロレベル情動を研究した第二言語習得の研究例として、単語の処理における情動の影響を研究した神経科学的研究などが挙げられる（Schütze, 2017）。

3.　ミクロレベル情動と外国語語彙記憶：情動関与処理仮説

　ミクロレベル情動探究のためには、マクロレベル情動に対してとは異なったアプローチが必要である。意識に直接与えられたものを刻々と記述する現象学的方法を扨措くと、一見情動の研究には不向きであると思われかねない認知心理学的実験が有効な手法の一つとして挙げられる。筆者は、英語を外国語として学ぶ大学生や大学院生を参加者に認知心理学的記憶研究の実験手法を活用し、ミクロレベル情動が外国語認知に与える影響について検討してきた。Kanazawa(2016)は、単語の意味がポジティブかネガティブかというミクロな言語的属性である情動価(emotional valence)に着目し、意識的に覚える努力を伴わない偶発的学習において、情動価の違いが記憶成績に有意な違いをもたらすことを実証した。

　Kanazawa(2017)では語彙情動価という静的なミクロレベル情動から語彙処理モードという動的なミクロレベル情動に検討対象を拡大した。認知心理学の処理水準仮説(levels of processing hypothesis; Craik & Lockhart, 1972)では、形成される記憶痕跡の強度に応じて浅い処理と深い処理が提唱され、深い処理として意味処理が位置づけられた(処理水準仮説をめぐる論争については、川﨑ほか、2018 を参照)。ただし、情動的精緻化(豊田, 2016)や情動的インプット強化(Truscott, 2015)といったミクロレベル情動の認知促進効果の報告を加味すると、意味的情報のみならず情動的情報に認知資源を割いて「考えたうえで感じる」ことを促進するような情動関与処理(Emotion-Involved Processing)のほうが、ただ単語について「考える」ことを内容とした意味処理(semantic processing)に比べて、より記憶に残りやすく学習効果が上がる(処理水準仮説の文言を借りれば、より「深い」処理である)ことが予想される。これを情動関与処理仮説(Emotion-Involved Processing Hypothesis)と名付け、意味処理と情動関与処理を独立変数として語彙記憶実験を行った。心理言語学ソフトウェアを使って PC の画面上に英単語を提示し、意味処理条件では単語が意味をなす単語かどうか、情動関与処理条件では単語の意味がどの程度ポジティブか、キーボードを押して判断することが求められた。続いて、どの程度学習した単語を覚えているかを問う記憶課

題が行われた。分析の結果、情動関与処理条件のほうが意味処理条件よりも記憶パフォーマンスが有意に高く、仮説が支持された。

4.　フォーミュラ情動価リスト作成

　単語レベルのミクロレベル情動研究は見られるものの、フォーミュラの観点から情動の影響を検討した研究は見られない[1]。単語レベルの情動研究に単語情動価リストが必要であったように（Kanazawa, 2016）、フォーミュラレベルの情動研究のためには情動的属性を組み入れたフォーミュラリストの作成が重要である。フォーミュラの中には機能語のような働きをする情動的に中立なものがある一方で、例えば「thanks to」や「looking forward to」、「I'm afraid」のようにポジティブないしネガティブな含意のあるものも見られるため、これを数量的に示すことができれば今後の研究や教育応用に有益であると考えられる。以上の問題意識から、今後の研究に供するためのフォーミュラ情動価リストを作成すべく、研究を行った。

　本研究の目的は次の通りである。

　　日本の英語学習者を対象としたフォーミュラ情動価リストを産出し、頻度や親密度と情動価の関係を調べること

方法

　参加者は関西の私立大学に通う大学一回生と二回生である。参加者は、オンラインサーベイを通して各々のフォーミュラの親密度を評定した。一回の実施につき約8分の所要時間が設定され、オンラインサーベイにはGoogle Formsが使用された。調査は本書第4部第1章の研究と並行して行われた。

　オンラインサーベイでは、まず参加者は調査の説明や研究倫理に関する注記を読み、疑問点がある場合は質問する機会が確保された。そのうえで、「私は、上記の文章を読み、理解しました。」、「私の提供する情報は保護さ

---

[1]　情動プロパーではないものの、動機づけ方略の観点からフォーミュラ習得を研究した先駆的文献としてLe-Thi, Dörnyei, and Pellicer-Sánchez（2020）が挙げられる。

れ、匿名の形で扱われます。また、回答内容が成績評価に影響を与えないことを理解しました。」、「私の提供する情報が今後の学術的研究や新しい教材開発の資料として使用されることに同意します。」といった項目に回答することで、インフォームドコンセントが担保された。

次の画面で、参加者は各フォーミュラの情動価について７段階で評定することが求められた。リスト内の項目はランダマイズされて提示された。タスクの内容は、Kanazawa（2016）の L2 研究やその元となった Bradley and Lang（1999）や Warriner et al.（2013）の研究を元としている。具体的な画面の例は図１の通りである。

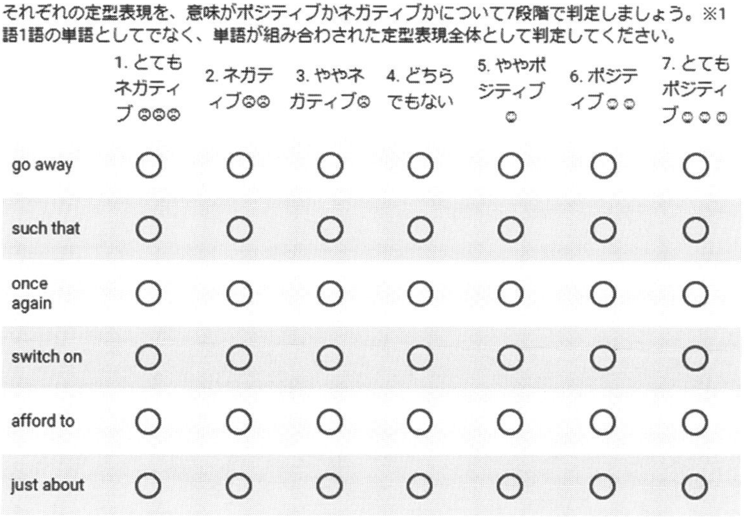
それぞれの定型表現を、意味がポジティブかネガティブかについて7段階で判定しましょう。※1語1語の単語としてでなく、単語が組み合わされた定型表現全体として判定してください。

	1. とてもネガティブ ☹☹☹	2. ネガティブ☹☹	3. ややネガティブ☹	4. どちらでもない	5. ややポジティブ ☺	6. ポジティブ☺☺	7. とてもポジティブ☺☺☺
go away	○	○	○	○	○	○	○
such that	○	○	○	○	○	○	○
once again	○	○	○	○	○	○	○
switch on	○	○	○	○	○	○	○
afford to	○	○	○	○	○	○	○
just about	○	○	○	○	○	○	○

図１　フォーミュラ情動価評定タスクの画面例

フォーミュラリストとしては、PHRASE リスト（Martinez & Schmitt, 2012）を元としたリストを使用した（詳細については第３部を参照）。

501 語の全体リストを 10 個の下位リストに分けたうえで、１週間に１リスト、10 週間をかけて、各参加者がリスト全体を評定した。

結果と考察

　データ収集が完了し、フォーミュラ情動価リストが制作された(p. 161 参照)。以下、結果と考察について論じる。

クロンバック α 信頼性検定

　下位リストごとにクロンバック α 信頼性検定を行い、評定者の内的一貫性に問題がないかどうか確認した。表 1 の通り、いずれの下位リストについても基準値の .70–.80(Larson-Hall, 2010)を上回る高い信頼性が得られた。評定者間信頼性の高さが示されたため、特定の評定者のデータを除外することは必要ないと考えられる。

表 1　下位リストごとの信頼性検定結果

Reliability testing through Cronbach α					
Subset 1	(1–50)	$\alpha = .982$	Subset 6	(251–300)	$\alpha = .944$
Subset 2	(51–100)	$\alpha = .973$	Subset 7	(301–350)	$\alpha = .971$
Subset 3	(101–150)	$\alpha = .952$	Subset 8	(351–400)	$\alpha = .978$
Subset 4	(151–200)	$\alpha = .981$	Subset 9	(401–450)	$\alpha = .969$
Subset 5	(201–250)	$\alpha = .966$	Subset 10	(451–501)	$\alpha = .960$

全体分析

　フォーミュラ親密度リスト作成にあたっては、得られた全データを対象としたもの(評定 A)と得られたデータのうち親密度評定の高いもの(評定 5–7)のみを対象としたもの(評定 B)の二種類が算出された。後者の評定のほうが、各フォーミュラの意味処理が成功裏に行われたものである可能性が高い。記述統計は表 2 の通りである。

表 2　記述統計

	項目数	平均値	標準偏差
フォーミュラ頻度(/100 M)	501	3,961.60	6,223.86
フォーミュラ親密度評定(磯辺ほか, 2016)	501	4.78	.96
フォーミュラ情動価評定 A(本研究)	501	4.23	.42
フォーミュラ情動価評定 B(本研究)	501	4.28	.46

　探索的分析として、フォーミュラ親密度と他の要因との相関関係を調査した。ピアソン相関分析の結果、本研究のフォーミュラ情動価評定平均値とフォーミュラ頻度との間には相関がなく(評定 A: r = -.01, p = .86、評定 B: r = -.03, p = .48)、フォーミュラ親密度評定平均値とフォーミュラ親密度との間にも有意に相関が無いことが示された(評定 A: r = .16, p < .01, 評定 B: r = .11, p < .05)。フォーミュラレベルのイメージ性データベースなどは存在しないため他の意味的フォーミュラ属性との比較はできなかったが、頻度や親密度のいずれとも全く異なる評定値であることが示されたことから、フォーミュラ属性としてのフォーミュラ情動価の独立性が示唆された。今後のフォーミュラ研究において、フォーミュラ情動価を一つの観点として組み込んで検討することでフォーミュラ情動価の心的構成概念を精査することが望まれる。

5.　結論

　本章の議論から教育的示唆を引き出せば、外国語語彙学習において、単に意味を「考える(Think)」だけではなく、例えば自分の興味関心と関連させたり、心の動かされるような文脈で覚えたりするなど、何かしらの方法で意味を「感じる(Feel)」ための一工夫があれば、同じ学習時間や回数であっても、学習成果が上がるのではないかと考えられる。教育現場で実際に教鞭を執られている先生方の経験知にも適合するところがあるのではないだろうか。ミクロレベル情動をめぐるこれまでの、そしてこれからの研究や仮説が、教育実践を支える基礎理論的根拠の一つとなれば幸甚である。

本章の第 1, 2, 3, 5 節の議論は『英語教育』2018 年 12 月号（大修館書店発行）に掲載された筆者の論考（金澤, 2018）を加筆・修正したものであり、第 4 節の研究はスイス応用言語学会での筆者の発表（Kanazawa, 2020）に基づく。

まとめ

・語彙情動価などのミクロ情動は、語彙学習を促進する。

・情動関与処理は語彙学習を促進する（情動関与処理仮説）。

・フォーミュラ学習に情動関与処理を応用する第一歩として、フォーミュラ情動価リストが完成した。

● For further study: 今後の研究のためのヒント ●

●情動関与処理をどうフォーミュラ指導に活かせるだろうか。

●刺激項目を統制することの他に、フォーミュラ情動価リストのデータを使ってどのようなミクロ情動の効果に関する実証研究ができるだろうか。

●フォーミュラ情動価評定をもとに刺激項目を統制することの他に、どのようにフォーミュラ情動価リストを実証研究や教材開発に活用できるだろうか。

第 5 部

フォーミュラの応用研究・教育実践

第 1 章　英語二項表現の音韻的制約に対する
日本語母語話者の敏感性を探る

● 概要 ●

　本研究の目的は、英語のフォーミュラの中でも up and down や safe and sound といった二項表現(binomials)に焦点を当て、その音韻構造に日本語母語話者がどの程度敏感(sensitive)であるかを調査することである。大学生約 200 名を対象に、英和辞典から抽出した二項表現を用いてその語順を二肢強制選択する調査を行った結果、日本語母語話者がおおむね音韻的制約に敏感であることが判明した。

キーワード：二項表現、語順、音韻的制約、敏感性

1.　目的

　英語のフォーミュラの中には、up and down や safe and sound のように「A and (or) B」の構造で語順が固定し、要素の順序を変えることができない句が存在する。Malkiel(1959)はこれを順序の変更ができない二項表現(irreversible binomials)と呼び、Ross(1976)や Aitchison(2003)は凍結表現(freezes)と呼んでいる。

　句動詞やイディオムと同じように、このような表現を正確に使うことで、流暢な発話ができ、会話相手の理解度も高くなる。and や or で結ばれた語の順序を間違えても、英語母語話者の理解は可能であるが、違和感を覚えることになるであろう。それに関連して、Siyanova-Chanturia and Pellicer-Sánchez (2019)は "in order to reach high levels of proficiency, second language learners must be able to use appropriately the many and varied formulaic sequences that exist in language" と指摘している。

　この語順には Ross (1976)が指摘するように、意味的制約や音韻的制約が働いていると考えられる。本研究では、英語の A and B 形式の二項表現(binomials)における語順に焦点を当て、日本語を母語とする英語学習者が音韻的要因にどの程度敏感であるかを吟味した。より具体的には、強勢など

のリズム制約を受けない一音節語の二項表現に絞り、大学生約 200 名を対象に、英和辞典から抽出した二項表現を用いてその語順を二肢強制選択する調査を行った結果、英語学習者がおおむね音韻的制約に敏感であることが判明した。

2.　先行研究

　この分野の研究の草分けは Malkiel である。Malkiel（1959）は、二項表現（binomials）を "a pair of words denoting a synonymous or related idea, i.e., a sequence of words pertaining to the same form-class, place at an identical level of syntactic hierarchy and ordinarily connected by some kind of lexical link" と定義し、"modern English displays a highly marked partiality to short plus long: either monosyllabic plus (normally paroxytonic) disyllabic, or two monosyllables of unequal size" と主張している。さらに、Ross（1976）は二項表現（binomials）を凍結表現（freezes）と命名し、二項表現の語順を決定するのは意味と音声で、"Me First" の原理が働いていると主張した。

表 1　Me First の原則

	Me	Not Me
Semantics	Unmarked	Marked
Phonetics	Less sounds (shorter)	More sounds (longer)

　そして、二項表現（binomials）の語順を決定する音韻規則として、次のような対応を詳細に挙げた。

表2　二項表現の音韻規則

A. The first words of freezes (N1)	B. The second words of freezes (N2)
1. Fewer syllables	More syllables
2. Monophthongs	Long vowels or diphthongs
3. Higher vowels	Lower vowels
4. Fewer initial consonants	More initial consonants
5. A less obstruent initial consonant	A more obstruent initial consonant
6. A higher vowel	A lower vowel
7. Fewer final consonants	More final consonants
8. A more obstruent final consonant	A less obstruent final consonant

　Yabuuchi and Satoi(1999)は、英語母語話者を対象に有意味語や無意味語を用いて4種類の調査を実施した。強勢などのリズム制約を受けない一音節語から成る二項表現に対象を絞り、その語順を決定する音韻的要因を明らかにし、その検証を行った。

　まず、『研究社新英和大辞典』に語彙項目として掲載されていた二項表現を無作為に抽出し、音韻的に分析した結果、以下のような仮説を得た。

1.　音韻的優位性の原理

A and B binomials において、A のほうが B より意味的に優位か、または B のほうが A より音韻的に優位でなければならない。

2.　二項表現の語順を決定する音韻的制約

A and B binomials において、B のほうが A より母音や語末子音の聞こえ度(sonority)が高く、長さも長い。

3.　優位性の序列

（1）Monophthong < Long vowel < Diphthong
（2）a. Higher vowel < Lower vowel, b. Front vowel < Back vowel

109

> (3) Voiceless ending ＜ Voiced ending
> (4) Less sonorous final consonants ＜ More sonorous final consonants
> (5) Fewer initial consonants ＜ More initial consonants
> (6) Fewer final consonants ＜ More final consonants

　次に、上記の仮説は内省によって確認できないため、4つの実験を通して検証した。有意味語刺激と無意味語刺激の両方を用い、英語母語話者がその刺激を音読したとき、どちらの語順がより自然であるか、すなわち「A and B」か「B and A」かの二肢から強制選択してもらった。その結果は、いくつかの例外が認められたものの、おおむね上記の仮説を支持するものであった。また、母音に関する規則は子音に関する規則よりも優位性があると認められたが、規則全体の階層性については再考の余地が残された。

3.　調査

　Yabuuchi and Satoi（1999）の結果を受け、日本人英語学習者が一音節語から成る英語二項表現の語順を決定する音韻的要因にどの程度敏感であるか調査した。関西圏の大学生約200名の協力を得て、英和辞典から抽出した二項表現100項目の語順について二肢強制選択してもらった。

（1）調査協力者

　関西圏の国立および私立大学に通う日本語を母語とする大学生200名（年齢層は18歳から20歳が中心）に調査協力をお願いした。

（2）調査項目

　野村恵造（編）『コアレックス英和辞典 第3版』（旺文社, 2018）から抽出した一音節語で構成された二項表現75項目、およびフィラーとして一音節と複数音節の単語などで構成された二項表現25項目とを用い、合計100項目を50項目ずつ2種類のリストに分けた。それぞれのリストについて、

binomialsの提示順序と左右(「A and B」と「B and A」)を入れ替えた合計4種類の調査用紙を作成した(詳細については章末の一覧を参照)。

Bolinger(1962)の調査では、“He lives in a plap and plam/plam and plap house.”のように文に埋め込んだ形で二項表現が提示されたが、これでは二項表現以外の箇所で音声・音韻要因が働くことが考えられる。実際、籔内(2002)ではBolinger(1962)の刺激を単独提示して調査が行われたが、その結果はBolinger(1962)が行った調査の結果よりも説得力のあるものであった。そのことを踏まえ、この調査では刺激対を単独提示する方法を採用した。

(A 1)

#

学籍番号：	
名　前：	

☆以下の"and"で繋がれた英語の表現を発音し、左右のどちらがより自然に思うか判定してください。
意味については考える必要はありません。とばさず一組ずつ順番に、解答してください。

解答例：

○	dance and sing	sing and dance	
	cap and hat	hat and cap	○

調査課題：

	bits and bobs	bobs and bits	
	rank and file	file and rank	
	day and night	night and day	
	signed and sealed	sealed and signed	
	hand and fast	fast and hand	

図１　調査用紙(一部抜粋)の冒頭部

(3)調査手順

2019年4月中旬に調査を実施した。調査にあたり以下のように指示をした――「“and”で繋がれた英語の表現を発音し、左右のどちらがより自然に

思うか判定してください。意味については考える必要はありません。とばさ
ず一組ずつ順番に、解答してください。」所要時間は約 20 分であった。

4.　結果と考察

　分析に先立ち、binomials 75 項目のうち、調査対象に該当しない 1 項目
を分析から除外した。また、重複して提示した項目があったためその結果を
ひとつにまとめた。さらには、1 項目を Rule 5 から Filler に移動した（表
3）。その結果、分析対象項目は 72 項目となった。

4.1　全体的な傾向

　まず、全体の結果を下記に示す。

表 3　各規則の結果 1

Phonological rules	N	Binomials (%)	S.D.
Rule 1 　(V < LV, VV)	31	65.64	16.16
Rule 2 　(High V < Low V, Front V < Back V)	10	61.84	12.14
Rule 3 　(Voiceless ending ＜ Voiced ending)	3	40.49	12.01
Rule 4 　(± Sonorous)	11	62.23	15.11
Rule 5 　(Initial C, Final C)	17	60.28	13.56
Fillers	26	51.43	14.43

(V=Vowel, C=Consonant(s), LV=Long vowel, VV=Diphthong)

　表 3 からわかるように、調査項目数の少ない Rule 3 を除き、各規則にお
いて 60% 以上が音韻的制約に対して敏感であった。
　次に、母音に関する規則の項目を比較すると、Rule 2（母音の位置）より
Rule 1（母音の長さ）に敏感であったことがわかる。つまり、日本人英語学習
者は、母音の位置よりも長さに敏感であることが窺えた。一方、Yabuuchi
and Satoi（1999）が行った英語母語話者を対象としたデータでは、Rule 2 と
Rule 1 の両者が逆の結果であった（表 4）。これは、日本語母語話者の特徴
の一つと考えられるかもしれない。

表 4　英語母語話者の結果（Yabuuchi & Satoi, 1999）

	Phonological rules	N	Mean	S.D.
1	V < LV, VV	9	14.3	1.41
2a	High < Low	6	15.2	3.37
2b	Front < Back	6	14.7	2.25
3	Voiceless < Voiced	8	11.9	1.56
4	± Sonorous	11	13.7	2.94
5	# Initial consonants	6	13.7	2.42
6	# Final consonants	6	14.2	1.84

20 人の英語母語話者を対象に無意味語刺激を用いた調査

　McAllister, Flege, and Piske（2002）によると、L2 学習者は母語の音声知覚や発音に利用しない音声的特徴（ピッチ、長さ、強さ、質）を L2 の音声知覚や発音で使用することは難しい。英語の母音は音質で対立するが（例：弛緩母音 /ɪ/ "bit" /bɪt/ vs. 緊張母音 /i/ "beat" /biːt/）、日本語の母音は長さで対立する（例：短母音 /i/「ビル」vs. 長母音 /ii/「ビール」）。つまり、日本語母語話者は長さの音声的特徴を音素の区別に利用するが、音質をあまり利用しない。したがって、日本語母語話者は L2 においても音素の長さに対して敏感になるが、音質にはそれほど敏感ではないことが予測される。本調査で日本語母語話者が、母音の位置（音質）よりも長さに敏感であったという結果は、McAllister et al.（2002）の主張に一致している。

　さらには、子音に関する規則 Rule 4 と Rule 5 においても、英語母語話者の傾向と近似している。ただし、同じ音韻処理を行って判断したかについては確認できない。その理由として、日本語母語話者独特の子音連結に母音挿入して処理している可能性を否定できないからだ（例：Rule 5: fish and chip[u]s, fore and af[u]t）。日本語は母音で終わる音節をもつ開音節言語のため、撥音と促音を除き、子音連続や音節末子音をもたない。よって、子音連続や音節末子音に不慣れな日本語母語話者は、他言語において、子音連続の間や音節末子音の後に母音を挿入して知覚（e.g., Dupoux, Kakehi, Hirose, Pallier, & Mehler, 1999）、あるいは産出する傾向にある（e.g., Nomura &

Ishikawa, 2018)。このような先行研究の知見から、本調査の英語学習者も子音連続や音節末子音に母音挿入して binomials を発音し、2つ目の単語をより長い音と感じ、それが語順判断に影響していると推察される。

　また、敏感性が高かったもう一つの理由として、母語の影響から2つ目の単語内にある撥音 /n/ を1音節と捉え、1つ目より2つ目の単語をより長い音と認識したかもしれない。これが binomials の語順決定に影響している可能性がある（例：Rule 5 の safe and sound や ways and means）。

4.2　個別分析

　次に、各規則内で特に値が高かった項目と低かった項目について個別に分析する。

表5　各規則の結果2（各規則の内訳）

Phonological rules		N	Binomials (%)	S.D.
Rule 1a	(V < LV)	20	65.27	17.61
Rule 1b	(V < VV)	11	66.31	13.90
Rule 2a	(High V < Low V)	10	61.84	12.14
Rule 3	(Voiceless ending < Voiced ending)	3	40.49	12.01
Rule 4a	(Less sonorous final C < More final C)	11	62.23	15.11
Rule 5a	(# Fewer initial C < More initial C)	7	59.88	10.88
Rule 5b	(# Fewer final C < More final C)	10	60.57	15.74
Fillers		26	51.43	14.43

　Rule 1a において、give and take（97.46）、up and down（89.34）、black and white（85.27）、cut and paste（80.71）、rant and rave（79.70）、touch and go（79.18）、young and old（74.61）といった基本的な二項表現や親密度が高いと考えられる表現は、70％以上の高い数値を示している。そのうち、音韻的制約以外の要因、具体的には意味的な制約の影響があると考えられる項目 give and take, black and white, up and down が含まれている。また、数

値が 50% 以下のものを見ると rank and file（48.73）、then and there（45.17）などがある。これらは、先に述べたように、/n/ の音が含まれるため長く感じ、こちらの順番を 2 番目にした可能性がある。

Rule 1b においては、black and blue（93.56）がきわめて高い数値を示した。その反面、rhythm and blues（48.22）、bill and coo（49.23）が比較的低い数値であった。

Rule 2a において、mix and match（34.65）がきわめて低い数値を示していることが判明した。mix を 3 もしくは 4 モーラとして処理しているため、mix を 2 番目に来ると判断した可能性がある。逆に、hit and run（81.21）は高い数値を示したが、これは意味的制約の影響が大きいと考えられる。

Rule 3 については調査項目が少ないので確かなことは言えないが、有声音で終わるか無声音で終わるかについては、英語母語話者も日本語母語話者もあまり意識が働かないのかもしれない。英語母語話者の判定においても、他の規則に比べてかなり数値が低いことは大変興味深い。

Rule 4a において、high and low（95.93）がきわめて高い数値を示している。これも、音韻的制約だけでなく意味的制約の影響がかなりあると考えられる。一方、tooth and nail（47.50）と kith and kin（46.19）については数値が低かった。前者については、長母音の tooth のほうが長く感じ、2 項目にしたのかもしれない。kith and kin については、先の /n/ の音の処理の説明とは逆の結果で、今のところその説明がつかない。

Rule 5b において、fish and chips（91.37）が非常に高い数値を示している。これは親密度が非常に高いことを反映していると思われる。それに対し、odds and ends（32.40）と fore and aft（43.56）の数値が低い。後者については、/aft/ → /afuto/ のように母音を挿入している可能性がある。odds and ends については音韻以外の方略が働いている可能性がある。例えば、知っている単語を先に置く傾向、それこそ Me First の傾向があるのかもしれない。

5.　結論

本調査の目的は、英語のフォーミュラの中でも要素の順序を変えることが

できない二項表現（irreversible binomials）に焦点を当て、その音韻構造に日本語母語話者がどの程度敏感（sensitive）であるかを調査することであった。大学生約 200 名を対象に、英和辞典から抽出した二項表現 100 項目を用いて語順の二肢強制選択方式による調査を実施した。その結論として、おおむね音韻的規則に敏感であったことが確認できた。また、この調査の結果と Yabuuchi and Satoi（1999）で実施した英語母語話者を対象としたものが非常に似ていることも判明した。ただ、この調査だけでは両者が同じ音韻的方略で判定したかどうかは不明で、英語にない日本語の音韻特徴や英語学習者の英語を発音する傾向などの影響があることを否定することはできない。

　この調査では、興味深いことが観察されたが、数々の限界点や課題がある。

　まず、本調査では、有意味語を用いたので、音韻的制約以外の要因、特に、意味的制約が影響している可能性がある。調査を実施するにあたり、意味については考える必要がないと指示をしていても、give and take（97.46）、high and low（95.93）、black and blue（93.56）、fish and chips（91.37）、up and down（89.34）などが非常に高い数値を示した結果を見る限り、調査協力者が意味的な制約に影響を受けているとも考えられる。ただ、どの程度意味的制約が働いているかわからないので、純粋に音韻的制約に対する敏感性を調べるためには無意味語などを用いた調査が必要となる。

　次に、今回の日本人英語学習者の結果と比較した英語母語話者のデータは、無意味語から成る全く異なる刺激を用いたものであるので単純に比較することはできない。そのため、同一の刺激を用いた調査を行う必要がある。

　その他、データの妥当性、差の有意性、さらには音韻規則の階層性などを精緻に検証するためには統計分析を行う必要があること、また日本語の個別的な音韻特徴として考えられるものもあったが、言語の固有性を確認するには、多言語での調査が必要であることなども課題として挙げられる。

　このようにいくつか限界点があるものの、本研究で判明したことで、フォーミュラの指導に生かせることが少なくとも一つある。それは、正しく語を発音することがフォーミュラの習得につながる可能性があることである。例えば、日本語母語話者の話す英語によく見られる母音挿入や /n/ の音

に対する癖を直すことで、binomials 本来の発音を身につけることができ、その結果、その音韻的制約をより正確に適用することができるようになり、binomials の習得率が高まる可能性があると考えられる。このように理論と実践を結びつける調査を今後実施したい。

まとめ

・ 本章では、英語のフォーミュラの中でも up and down や safe and sound といった二項表現（binomials）に焦点を当て、その音韻構造に日本語母語話者がどの程度敏感（sensitive）であるかを調査した。

・ 英語母語話者と同じような傾向が見られたが、日本語母語話者の音韻特徴と考えられることも見られた。

─● **For further study: 今後の研究のためのヒント** ●─

● 本調査では有意味語の binomial 定型表現を用いたが、純粋に音韻的判断ができる調査を行うために無意味語で構成された刺激で調査を行う。

● 英語母語話者（無意味語で調査）も含めて調査する。

資料

Rules	Binomials	%	Rules	Binomials	%
1a	give and take	97.46	1b	live and breathe	69.31
1a	up and down	89.34	1b	twist and turn	64.85
1a	black and white	85.27	1b	crash and burn	54.82
1a	cut and paste	80.71	1b	bed and board	52.97
1a	rant and rave	79.70	1b	bill and coo	49.23
1a	touch and go	79.18	1b	rhythm and blues	48.22
1a	young and old	74.61	2a	hit and run	81.21
1a	in and out	68.52	2a	thick and fast	66.67
1a	wax and wane	67.45	2a	this and that	66.49
1a	top and tail	67.16	2a	bits and bobs	65.98
1a	cut and dried	63.86	2a	spick and span	65.48
1a	left and right	59.41	2a	flesh and blood	65.45
1a	hook and eye	58.00	2a	first and last	60.89
1a	chop and change	56.85	2a	if and when	60.89
1a	man and boy	55.45	2a	kiss and tell	50.76
1a	fun and games	53.96	2a	mix and match	34.65
1a	come and go	53.47	3	wait and see	54.31
1a	rank and file	48.73	3	sweet and sour	34.70
1a	then and there	45.17	3	night and day	32.48
1a	skin and bone	21.29	4a	high and low	95.93
1b	black and blue	93.56	4a	heart and soul	76.12
1b	one and all	76.14	4a	cut and run	75.63
1b	pick and choose	74.13	4a	five and dime	65.83
1b	live and learn	73.60	4a	hit and miss	61.88
1b	back and forth	72.58	4a	chip and pin	56.40

Rules	Binomials	%	Rules	Binomials	%
4a	show and tell	53.29	Filler	country and western	64.10
4a	great and small	53.29	Filler	pure and simple	63.37
4a	rise and shine	52.48	Filler	far and wide	62.87
4a	tooth and nail	47.50	Filler	hot and heavy	55.45
4a	kith and kin	46.19	Filler	body and soul	55.33
5a	high and dry	77.66	Filler	up and running	54.82
5a	fair and square	68.52	Filler	signed and sealed	51.27
5a	bow and scrape	64.46	Filler	hand and foot	51.27
5a	doom and gloom	56.85	Filler	wear and tear	51.27
5a	short and sweet	54.95	Filler	here and now	51.24
5a	waifs and strays	48.51	Filler	front and center	50.76
5a	to and fro	48.22	Filler	far and away	50.00
5b	fish and chips	91.37	Filler	sadder and wiser	49.50
5b	safe and sound	69.03	Filler	hard and fast	49.24
5b	by and large	66.83	Filler	hide and seek	48.51
5b	Stars and Stripes	65.98	Filler	snakes and ladders	48.22
5b	do's and don'ts	64.85	Filler	born and bred	47.52
5b	there and back	59.41	Filler	well and good	42.57
5b	ways and means	56.85	Filler	down and out	39.09
5b	aches and pains	55.45	Filler	hand and glove	35.15
5b	fore and aft	43.56	Filler	over and out	27.92
5b	odds and ends	32.40	Filler	out and away	27.23
Filler	meat and potatoes	87.82	Filler	thrills and spills	24.75
Filler	eat and run	74.75			
Filler	here and there	73.16			

本調査で使用した二項表現の一覧。旺文社『コアレックス英和辞典 第 3 版』（野村恵造編，2018）より抽出

第2章　初期英語学習者にフォーミュラの知見をどのように活用するか

● 概要 ●

　本章では小学生や中学生などの初級英語学習者を対象にフォーミュラをどのように理解し、取り込み、コミュニケーションのために効果的に使えるようにするかについて考える。まずフォーミュラの理解について場面や状況を与えインプットを行い、次にフォーミュラを効果的に用いた言語活動を通して、会話やコミュニケーションを行う。そして成功体験を得ることで自信や自己肯定感をつけさせたい。

キーワード：初級英語学習者、定型表現依存型運用能力、事例学習、言語活動

1.　はじめに

　学習指導要領の改訂により、2020年度から小学校中学年で「外国語活動」が、高学年で教科「外国語」が導入された。その目標は、「知識及び技能」「思考力、判断力、表現力等」「学びに向かう力、人間性等」の三つの資質・能力を伸ばすことである。その中で、外国語によるコミュニケーションにおける見方・考え方を働かせ、外国語による五つの領域（「聞くこと」「読むこと」「話すこと［やり取り］」「話すこと［発表］」「書くこと」）の言語活動を通して、コミュニケーションを図る素地・基礎的能力を育成することが求められている。さらに、外国語の音声や文字、語彙、表現、文構造、言語の働きなどについての知識を理解するとともに、実際のコミュニケーションにおいて活用できる基礎的な技能を身につけるようにするとあり、その際、コミュニケーションを行う目的や場面、状況などに応じて、身近で簡単な事柄について、自分の考えや気持ちなどを伝え合うことができる力を養うことが求められている。しかしながら、初学者にとって、複数の単語を文法的に組み合わせて文章を産出することは難しい。初学者の文産出の負担を軽減するために、最初は場面や働き、状況に応じて決まり文句や定型表現などのフォーミュラを用いてやりとりを行うことが望ましい。言語処理の負荷を軽減する

定型表現の活用は、正確で流暢な発話には不可欠である。実際、英語母語話者は数多くの定型表現を記憶して、言語の理解・産出に利用している。一方で、非英語母語話者にとって定型表現は自然に気づくことは難しい語彙項目であるため、その知識不足が指摘されている（Wray, 2002）。

　そこで、本章では、小学校外国語活動、小学校英語、中学校英語などで児童生徒がコミュニケーション活動や自己表現活動を行うために、どのような定型表現がいかに教えられ、児童生徒はそれをどのように取り込み、練習して定着を図り、使えるようになって実際のコミュニケーションの場で活用するのかを考える。

2.　初級英語学習者とフォーミュラ（定型表現）

　初級英語学習者には定型表現を用いることができるように指導することが重要である。定型表現は、formulaic expression, formulaic sequence, fixed expression, prefabricated patterns などと呼ばれている（Wray & Perkins, 2000; Wray, 2002; Bybee, 2007 等）。また、"a sequence, continuous or discontinuous, of words or other meaning elements, which is, or appears to be, pre-fabricated: that is, stored and retrieved whole from memory at the time of use, rather than being subject to generation or analysis by the language grammar"（Wray & Perkins, 2000, p. 1）とされ、語や表現がつながりをもつひと塊としてそのまま貯蔵され、場面や文脈・状況に応じて記憶から呼び出されそのまま用いられると考えられる。定型表現以外にも切り出し表現（gambits）、決まり文句（routines）、隣接ペア（adjacency pairs）を用いることで、場面や状況を踏まえ、文脈の中で意味や言葉の働きを中心としたやり取りを行うことができる。板垣（2017）は、外国語（英語）運用能力の二次元モデルを提言し、定型依存型と文法依存型の複合体を示し、処理の自動化と精緻化の高低において、初期段階では「定型表現依存型運用能力」が大きな位置を占めるが、次第に「文法規則依存型運用能力」が向上すると述べている。そこで、フォーミュラ（定型表現）は英語初級学習者にとって不可欠だと考えられる。

　また、小学生は、用法基盤モデルで提唱されているように、意味を中心としたやり取りや音声入力の中で、同じような場面で繰り返し用いられる表現に出会い、慣れ親しみ、意味と表現を結びつけ、次第に違う場面でも同じような構文に当てはめて使うようになる（例：I like..., I want..., I want to..., I want to be..., I have...）。

　また、それ以外に挨拶、お礼を言う、買い物、注文、道案内など定型表現を用いる場面は多くある。そこで、学習指導要領でどのような定型表現が言語材料として挙げられているかを次に述べる。

3.　小学校で取り扱われるフォーミュラ（定型表現）

　学習指導要領に記されている定型表現の主な例は以下の通りである（文部科学省, 2017a より一部抜粋）。

（1）　家庭での生活：日課表現、時間など。

　　・ I wake up (at 6:00). I go to school. I go home. I take a bath. I do my homework. I eat lunch.

　　・ What time is it? — It's 8:30.

（2）　学校での学習や活動

　　・ How many? — Two.

（3）　子どもの遊び

　　・ What's this? ・Let's play cards. — Sorry.

（4）　挨拶

　　・ Good morning / afternoon.

　　・ Hello. How are you? — I'm fine, thank you. How are you?

　　・ Hello. Hi. Goodbye. See you.

（5）　自己紹介

　　・ Hello (Hi), I am Haruto. I like blue. I like baseball. I don't like soccer.

　　・ Hello, my name is.... Nice to meet you. — Nice to meet you, too.

（6）　買物

　　・ Hello. Do you have a pen? — Sorry, no, I don't.

・What do you want?　— I want potatoes, please.

・How many?　— Two, please.　Here you are.　— Thank you.

・How much is the bag?　— It's nine hundred yen.

(7)　食事

・What would you like?　— I'd like pizza.

・How much is it?　— It's two hundred yen.

(8)　道案内

・Where is the treasure box?　— Go straight.　Turn left.　You can see a house.　It's in the house.

・You can see it on your right.

(9)　相づちを打つ

・Oh, I see.　I see.　Really?　That's nice.

(10)　礼を言う

・Thank you very much.　—You're welcome.

(11)　申し出る

・Let's play cards.　—Yes, let's.　・May I help you?

・It's my turn.

(12)　質問する

・What's this?　・What ...do you like?

(13)　褒める

・Good job.

(14)　謝る

・I'm sorry.

(15)　承諾する

・OK.　Me, too.

(16)　断る

・May I help you?　—No, thank you.

・Let's play basketball.　—Sorry.　I can't play basketball.

(17)　連語のうち活用頻度の高い基本的なもの

・ get up, look at, stand up, be good at, how much

・ in front of, a lot of, look for（中学校で扱う）

（18）　慣用表現のうち活用頻度の高い基本的なもの

・ excuse me, I see, I'm sorry, thank you, you're welcome

・ I got it. I have no idea. No problem.

・ first of all, on the other hand（中学校で扱う）

（19）　会話を継続・発展させるもの（中学校でも扱う）

・ Pardon? You mean..., right?

・ What kind of Japanese food do you like? / How about you?

4.　中学校で取り扱われるフォーミュラ（定型表現）

　小学校で指導する言語材料や表現に加え、中学校では以下のような表現が取り扱われている（文部科学省, 2017b より一部修正のうえ抜粋）。小学校では主に、「聞くこと」「話すこと [やり取り]」「話すこと [発表]」を中心に習熟した内容を、中学校では「読むこと」「書くこと」を含めた4技能5領域の統合的な言語活動を通して、より分析的に理解し、文法項目としても繰り返し用いて習熟・習得・活用を目指すことになる。

（1）　自己紹介

・ Great to see you. My name is ..., from Japan. Please call me....

（2）　買物

・ May I help you? —Yes, please. I'm looking for a big brown bag.

（3）　食事

・ What would you like to drink? Would you like another cup of coffee?

（4）　道案内

・ Excuse me. Do you know where Osaka City Hall is? —Yes. Go straight on this street and turn left at the first corner. It's on your left. It'll take about fifteen minutes.

（5）　旅行

・ Can I help you? — I'd like to go to Ogaki. I must arrive there by noon.

Which train should I take?

・Excuse me. Could you take our photo? — Sure.

(6)　電話での対応

・Hello. This is.... May I speak to ...? — OK. Just a minute, please.

・Hello. This is Atsushi. Can I talk to George?

(7)　手紙や電子メールでのやり取り

・Thank you for your visit to our school. We had a great time with you. We are looking forward to seeing you again.

・Sounds nice! Thanks for your mail.

(8)　話し掛ける

・Excuse me. Do you have a minute?

・What's wrong?

(9)　相づちを打つ

・I'm going to meet my mom at 3 o'clock in front of Osaka City Hall. —I see. Have a good time.

・I think he will be absent from school tomorrow.

(10)　聞き直す

・Pardon me?　— I'm sorry. I said, "Help yourself, please."

・I didn't hear you. Could you say that again?

・What did you say? It's too noisy here.

(11)　繰り返す

・I passed the exam! — You mean you passed the entrance exam to that school?

(12)　つなぎ語

・Let me see. Well

(13)　礼を言う

・Thank you for calling me.

・Sorry I can't. But thanks anyway.

・It's time to say good-bye. We'll miss you. — I had a great time here.

（14）　歓迎する

・I've been looking forward to your visit.

・Feel free to ask me if you have any questions.

（15）　説明する

・You are going home early today.　— Yes, because my dog is waiting. I'll take him for a walk.

・Why do you think so?　— According to the survey, 65% are interested in this problem.

（16）　報告する

・I'd like to tell you about the results of the survey. — Well, I'm very interested in them.　Go ahead.

（17）　発表する

・First of all, let me talk about the outline of the story.

（18）　描写する

・I have two large dogs.　Both of them are more than 150 centimeters tall and they look like bears.

・Look at the man over there.　He is shouting to the tall boy in a blue T-shirt next to the vending machine.　What's happening?

（19）　申し出る

・What's the matter with you?

・Do you need some help?　— Yes, please.　I want to go to the station.

・Thank you.　I'm glad to hear that.

・Oh, that's too bad.　How about some hot tea?　— Sounds good.

（20）　約束する

・Yes.　You have my word.　— Alright.　I trust you.

（21）　意見を言う

・Do you have any ideas to solve this problem?　— Yes.　In my opinion, we should help each other.

・I'm afraid I have no idea.　It's too difficult for us.

（22）　賛成する

　・That's a good idea.　・I agree with you.　・I have no doubt.

（23）　反対する

　・How about taking a taxi to the library?　— That's not a good idea, I guess.

　・I think I'll give up my dream.　— Why? You can do it!

（24）　承諾する

　・May I come in?　— Yes, please.

　・Could you please help me carry my baggage?　— Yes, sir.　It's my pleasure.

（25）　断る

　・How about something hot to drink?　— No, thanks. I'm full.

（26）　依頼する

　・It's dark outside. Can you turn on the light?　— Sure.

（27）　命令する

　・Watch your step.　—Oh, thanks. It was close.

　・You can't take photos here.　—All right.

5.　授業での言語活動例：定型表現の定着のために

　上述したように、場面や状況、目的や機能に応じて、多くの定型表現が用いられている。そこで、まずそれらの理解について、指導者が ALT とモデルダイアログやスモールトーク、デモンストレーションなどを用いて、場面や状況を与えつつ、何度も表現を繰り返しインプットを行う。次に，チャンツを用いたり、楽しい言語活動を通して表現を使う練習を行った後、実際にペアやグループで会話やコミュニケーション活動に取り組ませる。そして成功体験を得ることで自信や自己肯定感をつけさせる。すなわち、音声と意味を中心とした事例学習でのインプットを通して、表現を繰り返し導入することで、学習者にパターンに気づかせ、言語活動やコミュニケーション活動を通して習得・活用ができるように促すことが必要である。具体例を見てみよう。

（1）日課を表す表現を用いた、インタビュー活動を行う。そして、友達がどのような生活をしているかを知り報告しあう。（話すこと［やり取り］）（小学生対象）

〈会話例〉

A: What time do you usually get up?

B: I usually get up at 6:00.　How about you?

A: On Sunday, I usually get up at seven. I always walk with my dog. I usually eat breakfast at eight. I sometimes wash the dishes.

○例えば get up「起床する」、do my homework「宿題をする」、brush my teeth「歯を磨く」、take a walk「散歩をする」、go to bed「寝る」などのように動詞単独ではなく使用頻度の高い連語として自然に使用させることができる。また、always, usually, sometimes などの頻度を表す副詞や、first, second, third, after lunch, before breakfast などのような順番や時間表現を用いて、まとまった英語を話すこともできるようになる。

（2）買い物ゲームを行う。（話すこと［やり取り］）（中学生対象）

〈会話例〉

A: Hello. May I help you?

B: Yes, please. I'm looking for a new cap.

A: What color would you like?

B: I want a white cap.

A: How about this one? It's brand new and reasonable.

B: How much is it?

A: It's two thousand yen.

B: Sounds good. I will take it.

A: Thank you very much. Here you are.（後略）

○買い物特有の定型表現を楽しみながら習得することができる。お店屋さんと客を交代しながら、購入したり、断ったり、サイズを交換したり、苦情を言ったりといった様々な状況も設定することができ、やり取りの練習か

ら、本物のコミュニケーションに近い疑似体験をすることができる。

（3）自己紹介から他己紹介を行う。（話すこと［発表］）（小学生対象）
〈表現例〉自己紹介で使用することが想定される語句や英語表現としては、
My name is.... My birthday is .... I like / have / play / watch.... I can .... I'm
good at.... I want to.... などが考えられる。
例："Hello. My name is Kei. I am from Kobe. I like tennis. I can play
　　tennis very well. I practice it at school on Saturday. I want to be a ten-
　　nis player. I want to go to the UK and play in the Winburdon someday.
　　I want to make many friends. Thank you."
　　"Hello. This is my sister, Mari. She is good at swimming. She can
　　swim very fast. She is cool. We went to Okinawa last summer and we
　　enjoyed swimming in the beautiful ocean. She wants to join the Tokyo
　　Olympic Games."
○様々な既習の語彙や定型表現を活用するとまとまった文章を話すことができ
　る。ペアを変えて何度も繰り返し話すことで流暢性が増し、自動化が進む。

　児童生徒がわかる場面設定や状況を与え、音声を中心として自然な英語の
やり取りを聞かせたり、絵本の読み聞かせやチャンツなどを通して同じよう
なフレーズを音でたくさん蓄えさせた後、繰り返し練習させ、オリジナルス
キットなどを創作させ、自己表現させるといった段階的指導が必要である。
パターンの習得から意味伝達に向けた良質なアウトプット活動を設定するこ
とが望まれる。
　初級英語学習者は、最初は文脈の中で例をもとにして表現の意味に気づき
学ぶこと(exemplar-based learning)(Kashiwagi, 2012)から、次第に規則を
発見し(item-based learning)、他の場面や状況にも応用するようになる
(usage-based language learning)。しかし、定型表現はひとまとまりとして
そのまま使うことができるため、間違いを恐れず活用することが可能であり、
小学生を始めとする英語初級者がコミュニケーションを行ったり、自己表現

活動をするために欠かせないものである。そこで、意味と目的があり、彼らに関連させた(meaningful, purposeful, relevant)楽しいタスクに取り組ませる中で、言いたい気持ちをもたせ、主体的・対話的な表現活動につながるように適切なレベルの定型表現を自然に導入することが大切である。その際、例文を多く与えて、気づきを促し、場面や状況、文脈の中で全体を理解し推測しながら学ぶ暗示的指導(児童にとっては帰納的学習)と、形式と意味・用法を説明して分析的に理解させる明示的指導(演繹的学習)をうまく取り入れることが重要だと考えられる。

まとめ

・初級学習者は場面と状況の中で、言葉と意味をつなげて理解する。
・フォーミュラを効果的に指導することでより多くの表現を理解し取り込み蓄える。
・言語活動を通して、繰り返し会話やコミュニケーションの中でフォーミュラを用いることで自己表現やコミュニケーションができ、成功体験により自信を得ることができる。

── ● **For further study: 今後の研究のためのヒント** ● ──
●小学校英語で定型表現を指導するタスクあるいは活動を考えてみよう。

第3章　オンラインフォーミュラ学習システム

── ● 概要 ● ──────────────────────

　本章ではオンラインフォーミュラ学習システムについて説明する。ま
ず、背景を説明し、次に間接的間隔反復学習ソフトウェア(Indirect
Spaced Repetition Software; ISRS)について掘り下げ、そして効果的な
英語学習を目的とする ISRS の活用方法について詳しく説明する。

キーワード：記憶、間隔効果、ライトナーシステム、
　　　　　　　間隔反復学習システム、ISRS

─────────────────────────────

1.　はじめに

　効果的に語彙を習得するために重要なこととして、(1)適切な語彙リスト
(2)処理の質　(3)習慣的な勉強の3点が挙げられる。

(1)　語彙リスト

　適切な語彙リストを選ぶことは大変重要である(Nation, 2016)。本書の
フォーミュラ親密度リストは、英語教育研究や実践の用に供するために作成
したリストであるが、語彙力を伸ばしながら文章の理解力および産出能力を
高めることができるように構成されている。

　さらに、フォーミュラ親密度リストは親密度、品詞、アルファベット、
フォーミュラ構成語数などの順に並べ替えることが可能であり、学習の目的
に応じてカスタマイズすることできる。

(2)　処理の質

　言語学習のうえでは、単語や句・文の理解(インプット)だけではなく、産
出能力(アウトプット)も向上させることが重要である。そのためには、リス
ニング、リーディング、スピーキング、ライティングの4技能をバランス
よく取り入れ、学習の質を高めることが大切である。

（3）習慣的な学習

　言語習得の成功のためには、良い学習の習慣を身につけることが肝要である。本章ではこの点について、認知心理学や言語教育研究の分野における先行研究や理論を紹介する。

2.　背景

2.1　間隔効果（Spacing Effect）

　19 世紀末にヘルマン・エビングハウスは画期的な「間隔効果（Spacing Effect）」を発見した。それは、同じ学習時間でも、短い時間でたくさん繰り返し学習をしたほうが、長時間の学習を少ない回数するより記憶に残るという発見であった（Ebbinghaus, 1885）。例えば、25 分の勉強を 1 回するよりも、5 分の勉強を 5 回するほうが、より効果的な結果が得られる。

　図 1 は繰り返し学習すればするほど、記憶に残り、忘れにくいという調査結果を示している。

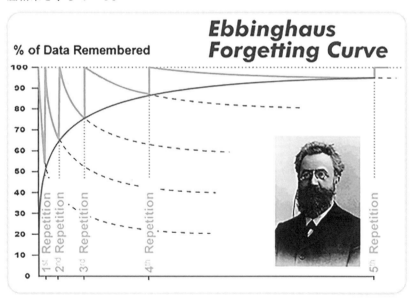

図 1　エビングハウスの忘却曲線

　神経科学の分野でも、脳の活性化および神経物質を復活させるためには間隔をあけた反復が必要であることが証明されている（Baddeley, 1990）。

2.2　間隔学習とライトナーシステム（Spacing & The Leitner System）

　学習と学習の間隔の時間設定に関し、2 つのアプローチがある（中田, 2019）。まず 1 つめは「均等分散学習（uniform spacing）」で、5 週間のプログラムのうち、1 週間に 1 回など、一定の間隔時間を設定するものである。2 つめは「拡張分散学習（expanded spacing）」で、5 週間のプログラムで、1 回目の後は 1 日、2 回目の後は 2 日、3 回目の後は 4 日、4 回目の後は 8 日、5 回目の後は 16 日など、少しずつ間隔時間を増やしていくものである。例えば、図 2 に示されている学習は、拡張分散学習である。

　2 つのアプローチの比較調査結果（Schuetze & Weimer-Stuckmann, 2010, 2011）によると、短期（4 日後）、中期（14 日後）、長期（9 か月後）の 3 つのタイミングで遅延テストを実施した結果、短期と中期の結果には違いはないが、長期では均等分散学習のグループのほうが良い記憶成績結果が得られた。

　しかし、多くの項目（100 個以上）を学習する場合は、1 回の学習ですべてを習得するのは困難であるため、拡張分散学習のほうが学習しやすい。

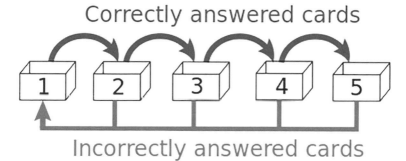

図 2　ライトナーシステム（Leitner, 1972）
学習のために間隔効果を利用したフラッシュカード学習システム

　図 2 において、5 つの学習箱 (learning box) はそれぞれ脳の記憶段階を表している。左側が短期的記憶、右に行くほど長期的記憶になる。カードの語彙を正しく答えられた場合、右隣の箱に移すが、もし正しく答えられなかった場合は、一番左の箱に戻す。例えば、それぞれの箱を頻度で、① 1 日に 1 回、② 3 日に 1 回、③ 1 週間に 1 回、④ 1 か月に 1 回、⑤ 3 か月に 1 回というように決めて学習する。現在、多くの語彙学習ソフトがこのシステムに基づいて作られている (Goodwin-Jones, 2010)。

2.3　語彙学習に関する諸知見

　Nation (2013) は、語彙の正しい使い方を身につけるために、単語の 3 つの特徴 (1- 意味Ⓜ, 2- 形Ⓕ, 3- 使い方Ⓤ) をよく理解することが必要だと提案し、さらに、良い授業のために下記の 4 つの要素 (The Four Strands) をバランスよく教えることが大切であると提案した。

1- 「意味重視のインプット」
2- 「意味重視のアウトプット」
3- 「言語重視の学習」
4- 「流暢さの向上」

　Schmitt (2008) は、効果的な学習方法として、最初の学習段階で意味と形を覚え、その後、使い方を覚えるほうが良いと考えた。それに加え、The National Reading Panel (2000) は音読等を導入することで、効果的に流暢さを向上させられると報告している。これらの知見を踏まえると、まずフラッシュカードで項目を学習し、それに続いて対話またはスピーチの練習をすることが効果的だと考えられる。

2.4　CVT の例え

　ほとんどの自動車には、無段変速機 (Continuously Variable Transmission; CVT) が搭載されている。CVT は自動的にギアを変更し、スムーズなドラ

イビングや燃費の向上をもたらす（図 3 ～ 5）。もしも語彙やフォーミュラの学習システムに CVT のような仕組みを導入することができれば、自動的な学習の調整や学習の効率化が促進されると考えられる。CVT のような仕組みをソフトウェアとして構築するためには、学習の統計（品詞、単語の 3 つの特徴などの正答率）を自動分析し、自動的に繰り返しの間隔時間が設定されるような仕組みの設計が望まれる。

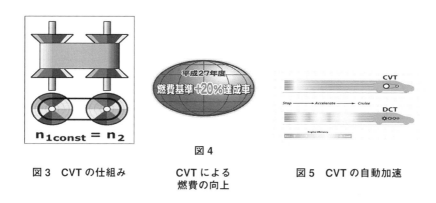

図 3　CVT の仕組み　　　　CVT による　　　　図 5　CVT の自動加速
　　　　　　　　　　　　　燃費の向上

図 4

3.　ISRS（間接的間隔反復ソフトウェア Indirect Spaced Repetition Software）

　筆者は、上述の 3 つのアイデア（間隔効果、意味 − 形式 − 使用、CVT）をすべて勘案したうえで、間接的間隔反復ソフトウェア（Indirect Spaced Repetition Software; ISRS）を開発した（Lafleur, 2015）。ISRS では、一つのフラッシュカードに複数の質問（意味関連 2 問、形関連 2 問、使い方関連 2 問）が含まれる。よって、間隔をあけて繰り返すたびに、同一項目に対しても異なった難易度の質問が段階的に提示されるという、効果的な学習方法である。

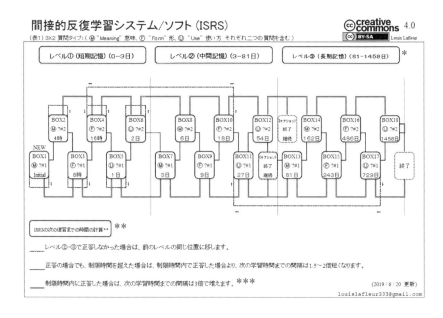

図 6　間接的反復学習システム

Note.

* 記憶範囲はシステムのために 3 つのレベルに分けたもので、通常の記憶範囲とは異なる。

**学習者の統計(品詞、単語の 3 つの特徴などの正答率)をソフトが自動的に分析し、次の復習までの間隔が設定される。

***回答の制限時間の設定はオプション。

表1　フラッシュカードの様々な質問の例(Louis Lafleur, Creative Commons 4.0)

?# レベル	流れ	質問タイプ	例：on behalf of (#192)
Ⓜ ?#1 語・句	英語(音声)から 日本語(考える)	リスニング	(表)on behalf of.mp3 (裏)〜を代表して
Ⓜ ?#2 語・句	日本語(文字)から 英語(考える)	リコール	(表)〜を代表して (裏)on behalf of
Ⓕ ?#1 語・句	英語(音声)から 英語(書く)	スペリング	(表)on behalf of.mp3 (裏)＿＿＿＿＿＿(スペリング)
Ⓕ ?#2 文・語・句	英語(ブランク)から 英語(書く)	穴埋め式問題 (語・句)	(表)I'd like to apologize (blank)the committee.(〜を代表して) (裏)＿＿＿＿＿＿(スペリング)
Ⓤ ?#1 文	日本語(文)から 英語(書く)	ライティング	(表)委員会を代表して謝罪したく存じます。 (裏)＿＿＿＿＿＿＿(書く)
Ⓤ ?#2 文	英語(文)から 日本語(書く)	ライティング	(表)I'd like to apologize on behalf of the committee. (裏)＿＿＿＿＿＿＿(書く)
(+) ?#7 対話など	リスニング リーディング	音読	音読

(+)フラッシュカードセット　(対話に含む語彙)を練習した後、流暢さの向上(音読など)活動と結びつけることもオプションとして可能である。

　本章では語彙を効果的に習得するために、(1)適切な語彙リスト、(2)学習の質、(3)習慣的な学習が重要であると説明した。また、フォーミュラ学習には多くの方法があり自分に合った学習方法を見つけることが大切であるが、学習を補助するうえでの有効性が期待されるシステムとして、独自開発のISRS学習システムについて紹介した。

まとめ

・英語学習を習慣付けるための仕組みを構築することが必要である。

・バランスの取れた英語学習には、間隔効果を活用し、意味−形式−使用の全ての語彙側面を、CVTのように漸増的に学ぶことが効果的である。

・以上の目的の達成のためには、反復学習システムを活用した電子教材が有効である。

参考写真

図 1: retrieved on August 26th, 2019 from:
　　　https://courses.p2pu.org/en/groups/studying-psychololgy-the-p2pu-way/content/task-21-the-ebbinghaus-forgetting-curve/

図 2: Creative Commons, Zirguezi (creator)
　　　retrieved on August 26th, 2019 from:
　　　https://en.wikipedia.org/wiki/Spaced_repetition#/media/File:Leitner_system_alternative.svg

図 3: Creative Commons 3.0, W. Rebel (creator)
　　　retrieved on August 26th, 2019 from:
　　　https://en.wikipedia.org/wiki/Continuously_variable_transmission#/media/File:GearBox-RotRotVar.gif

図 4: retrieved on August 26th, 2019 from:
　　　https://www.nta.go.jp/publication/pamph/kansetsu/eco_car_h29_05.pdf

図 5: retrieved on August 26th, 2019 from:
　　　https://imgur.com/gallery/TChilhO/comment/173441373

--- ● **For further study: 今後の研究のためのヒント** ● ---

- 間接的間隔反復学習システムは、通常の反復学習システムとどのように異なり、どのようなメリットがあるだろうか。
- 反復学習システムをフォーミュラ学習に使用する際は、どのような間隔をあけることが望ましいだろうか。
- 学習の質および習慣的な学習は語学学習のみならず他の科目を学習する際にも大変重要である。語学以外にどのように応用できるだろうか。

終章　フォーミュラをベースにした
第二言語習得モデルに向けて

● 概要 ●

　本章ではまず、トマセロによる、母語獲得の用法基盤モデルについて、その概要を示す。そのうえで、第二言語習得への多読・多聴学習の効果についてこれまでの成果を概観し、その効果の原因として、① Krashen（1985）のインプット理論、および②インプット駆動型プラクティスの効果（Kadota, 2019）という2つの観点から解説し、①のインプット理論による説明よりも、②の観点が第二言語の用法基盤アプローチにつながることを議論する。最後に、第二言語習得がその到達点として「構造化されたフォーミュラ・構文目録」の獲得をめざすという枠組みを提案したい。

キーワード：用法基盤モデル、多読・多聴、インプット理論、
　　　　　　　プラクティス効果、疑似反復プライミング

1.　用法基盤モデルとは？

　チョムスキーの生成文法理論を受けて、これまでの言語学では、言語を使う能力は、生得的な資質に基づいていると仮定してきた。そのような資質を仮定しないと、獲得対象言語で使用する可能性のあるすべての文をインプットとして受け取るわけではない、非常に限られた一次言語資料に接するだけであるにもかかわらず、なぜすべての子どもがきわめて近似した言語能力に最終的に到達するのかがうまく説明できないと考えたのである（刺激の貧困 [poverty of stimuli] 問題）。

　生成文法では、上記のような生得的資質として、すべての人間言語の成立要件を定めた、普遍文法（UG: universal grammar）と、各言語に固有のパラメータ（媒介変数）から構成されている「言語獲得装置（Language Acquisition Device: LAD）」が人に遺伝的に備わっていると仮定した。これを背景として、ことばは人の本能として、脳の中に深く埋め込まれているという「言語本能（language instinct）」説がピンカーによって提唱された（Pinker, 1994）。

Shumann(2010)やLee et al.(2009)などは、以上の言語本能説に対し、人間にもともと備わっているのは「相互交流本能(interactional instinct)」であり、言語は普遍文法をもとにするのではなく、文化的な産物(cultural artifact)として、互いの交流(コミュニケーション)の中で出現すると述べている。

例えば、Kuhl et al.(2003)は、英語母語話者の生後9か月児に中国語の12回のレッスンを実施し、実際に中国語のネイティブ話者が子どもと対面して教えた場合と、同じ話者によるレッスンを同じ時間そのままビデオにとってその「映像＋音声」(動画)や「音声のみ」を視聴させ、その後の中国語音声の識別テストの結果を比較した実験の報告をしている。その結果、「音声＋映像」「音声のみ」を12回レッスンしても、全く中国語に接していない幼児と同じ正答率を示すだけであるが、対面で同じレッスンをしたときは、明らかに高い中国語の音識別能力が身についていることを発見した。この結果は、人とのインタラクションがなければ、言語の習得は一切生じないことを明らかにしている(泉・門田, 2016, pp. 302–305; 赤池, 2018, p. 49)。

このようなインタラクションの重要性について、鄭(2013)および鄭・川島(2013)は、日本語を母語とする韓国語学習者の語彙学習において、(1)テキストから母語への翻訳を介して覚える方法と、(2)その語が使用されているコミュニケーション場面から学習する方法で学習してもらい、その際のfMRI(機能的磁気共鳴画像法：functional magnetic resonance imaging)計測を実施した。主な結果は次の通りである。

(1) 翻訳を介して覚えた単語よりもコミュニケーションから学習した単語のほうが全体としてうまく想起される。
(2) コミュニケーションを通じて学習した語は、右半球縁上回など頭頂連合野(parietal association area)が活性化しており、翻訳の語義を思い出すときとは異なる脳領域が活動する。

英単語の学習において、単語の日本語訳をもとにしたリスト学習だけでな

く、実際にそれが使われているインタラクション場面を活用することの重要性が、脳科学の観点からも、示唆されているのである。

　以上のインタラクションによる第二言語学習は、チンパンジーなど動物と人の行動を区別する重要な要因である、「道具」「火」「言語」の使用を可能にして互いに助けあう「協働行為」を基盤とする学習法である。「ひとりならウサギしか仕留められないが、ふたりで狩りをすればシカを仕留められる」（Tomasello, 2009 ほか）というように、互いに利益となる協働作業を行ってきたことが、ヒトの協同学習のもとになっているのである。近年我が国で様々な教科でその実践を目指そうとしている、アクティブ・ラーニング（active learning）にもつながる学習法であると言えよう（鈴木・門田, 2018, p. 337）。

　以上述べた、「相互交流本能（interactional instinct）」をもとにした用法基盤モデルでは、人の一般的な学習システムとして、「社会認知システム（social-cognitive system）」を提案している。このシステムは、インタラクティブなコミュニケーションを実行する中で、言語獲得のための前提が整えられると仮定している。これらの前提に、

　（1）意図の読み取り（intention-reading）と、

　（2）パターン発見（pattern-finding）

の2つがある。

（1）意図の読み取り

　子どもは生後9〜12か月頃には、養育者と同じ方向を見る「視線追従（gaze following）」や、大人が周りの事物に働きかけるのと同様の方法で働きかけを行おうとする「模倣（imitative learning）」が生じるようになる。この時期は、子どもの世界認識を一変させる一種の大変革であり、一般に「9か月革命」と呼ばれる。日本人の幼児でも、生後6か月頃にできていた英語の /r//l/ の識別ができなくなり、日本語にある音韻体系のみ（e.g.「ラ音」）が識別できるようになる、最初の臨界期に相当する時期でもある。

　この意図の読み取りのために、

①　共同注意フレーム（joint attentional frame）の構築

②　伝達意図の理解（understanding communication intentions）

③　役割交代を伴う模倣（role reversal imitation）による文化学習

の3点が必要になると考えられている（Tomasello, 2003, pp. 19–42）。

①は、相互交流のための共通場面である「共同注意フレーム」を大人とともに構築することで、これにより「幼児自身」「相手となる養育者」「両者が共有している対象」という3項関係が確立される。

②上記①の3項関係に基づいて、自分自身に向けられた発話の「伝達意図」が理解できるようになる。つまり、他者（大人）が、何らかの意図をもって働きかけていることが理解され、これにより積極的にそれを学び取ろうとするようになる。

③上記②の結果、他者がやっている行動を観察しその中で意図をもった行動について、相手の立場に立つ形で幼児自身が模倣する。これにより文化学習が可能になる。

以上の①〜③は、子どもが言語獲得を行う原点になるものである。

(2) パターン発見

「意図の読み取り」とともに、言語獲得の前提条件として重要なのが、統計データに基づく「パターン発見」能力である。Tomasello（2003）は、人にはもともと、聴覚音声パターンの「統計的学習（statistical learning）」を遂行する能力が備わっており、これがことばの文法獲得の必須要件として、1歳前後の頃に活用されるようになると指摘している。この統計学習のスキルは、何も聴覚音声だけでなく、単語の機能面の学習にも活用されると考えられている。つまり、単語の使い方を学習する際に、子どもは様々な用例の中に、大人がどの場面で、どんな語を共通して用いているかについてのパターンを発見するようになる。次の図1は、（The dog wants 〜）の構文のパターン発見の仕組みをイメージ化したものである。

図1　第一言語獲得のためのパターン発見のイメージ（Ibbotson and Tomasello, 2016, pp. 71–75 をもとに作成した門田，2018, p. 52 に基づく）

　以上のような、相手（養育者）の意図を理解したうえで、「実際に言葉を聞いてそれを模倣して自らパターンを発見する」という用法基盤モデルによる学習が、ヒトの母語（第一言語）獲得の根幹を成す仕組みであると言えよう。

2.　第二言語の用法基盤アプローチ

2.1　多読・多聴学習の効果

　小学校・中学校から英語多読プログラムを開始することの効果を示すデータがある（Furukawa, 2007）。対象は、①中学校入学後、多読による英語学習をはじめた生徒、②多読による英語学習を小学校から開始した生徒、③英

語多読をしていない通常の高校 1 年生の 3 群であった。そして、BACE（Basic Assessment of Communicative English）という高校 1 年生用の英語テストの試験結果を比較した。

表 1　多読群（中学生）と非多読群（高校生）の英語学力
（Furukawa, 2007, p. 20）

	多読クラス群 ①中学 1 年生	多読クラス群 ②中学 1 年生	多読クラス群 ①中学 2 年生	多読クラス群 ②中学 2 年生	通常クラス群 ③高校 1 年生
リスニング（100 点満点）	61	69	74	84	52
文法・語彙（100 点満点）	42	51	59	75	51
リーディング（100 点満点）	51	63	68	88	45
合計（300 点満点）	154	183	201	247	148

その結果、次の 2 点が明らかになった。

(1) ①②の多読群は、中学 2 年生の段階で、リスニング、リーディング、文法・語彙のいずれにおいても、大きく③の高校 1 年生を上回る。

(2) 中学校から多読を開始した①群は、中学 1 年生の時点では、文法・語彙力には効果が現れず、むしろ先にリスニング、リーディングなどの言語理解力が発達する。そしてその後多読トレーニングを継続することで、文法・語彙力などの顕在的知識が身につく。

これは自然な母語習得の獲得順と同様の順序であり、潜在的学習の特徴であることはここに特筆しておきたい。

日本多読学会では、2013 年 8 月開催の年会で、それまでの三原則を改訂して、新たな「多読三原則」を提唱している[1]。

1　2013 年 8 月開催の日本多読学会年会にて「新・多読三原則」として改訂されたもの。

```
多読三原則：
原則1：英語は英語のまま理解する
原則2：7〜9割の理解度で読む
原則3：つまらなければあとまわし
```

図2　日本多読学会が標榜する多読三原則

2.2　多読・多聴学習によるフォーミュラ・構文のプラクティス： Associative-Cognitive CREED などの考え方に基づく第二言語の用法基盤アプローチ

　多読がなぜ英語習得に効果的かについては、一般に大量の「理解できるインプット(comprehensible inputs)」を提供してくれるからだと言われる。これが、Krashen に代表されるインプット理論(input theory)による説明である。

　しかしそれだけでなく、多読学習が標榜する三原則は、読書(リーディング)に基づく形で、母語獲得の方法をほぼそのまま第二言語に具現化した方法である。言い換えると、多読による第二言語学習は、母語獲得と同様の潜在学習プロセスを、そこにそのままもちこんだものであると考えることができる。すなわち、多読による言語学習は、それを通じて、特定の単語や表現に何回も出会い、それらを何度も何度も繰り返し処理するチャンス(機会)を学習者に与えてくれるものである。大量のインプット処理(input processing)を保証することで、様々な異なる文脈の中で、同じ単語や表現に繰り返し遭遇する「疑似反復プライミング(quasi-repetition priming)」と呼べる意味処理を伴う反復練習(practice)がその根幹になっていると考えられるのである(門田ほか, 2014, pp. 166–168)。

　ところで、Nation(2014)は、どの程度「多読」をすればどのくらい同じ単語に遭遇するかについて検討した研究成果を出している。それによると、ほぼ3,000語レベルまでの語彙(ワードファミリ：word family)に、それぞれ最低でも約12回出会うには、300,219語のインプットが必要であり、

5,000 語レベルまでの語彙を少なくとも 12 回以上処理するには、ほぼ 1,061,382 語のインプットが必要であると結論づけている。言い換えると、やや低く見積もって、仮に 60 パーセントの語彙習得が達成されるとすると、「100 万語多読」で 12 回以上同一語に遭遇することで、5,000 ワードファミリのうち、日常的な英語コミュニケーションに必要とされる上位 3,000 ワードファミリを、多読による反復学習で習得できることになる。

これに関連して、Kadota(2019, pp. 167–170)は、インプット理論とアウトプット理論を結びつける「プラクティス(practice)」の重要性を議論する中で、「シャドーイング・音読(shadowing / oral reading)」のような、スピーキング能力を高めるプラクティス効果(「アウトプット駆動型プラクティス(output-driven practice)」)と対照させる形で、多読・多聴のプラクティス効果を「インプット駆動型プラクティス(input-driven practice)」と名付けている。すなわち、アウトプット駆動型プラクティスが、Swain などのアウトプット理論と結びつけられるプラクティスであるのに対し、インプット駆動型プラクティスが、Krashen のインプット理論を支えるプラクティスになるのではないかと提案している。次の図 3 は、これら両タイプのプラクティスと、インプット理論、アウトプット理論との関連性を図示したものである。

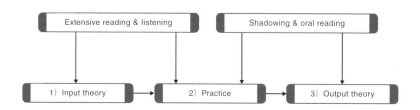

図 3　インプット駆動型およびアウトプット駆動型のプラクティスと、インプット理論およびアウトプット理論との関連性(Kadota, 2019, p. 168)

3.　第二言語習得が目指す最終到達点：構造化されたフォーミュラ・構文目録（structured inventory of formula and constructions）

　ふだん、私たちが頭の中に蓄えていることばの実態について、トマセロは、チョムスキーが考えたような文法規則ではなく、構造的な構文目録（a structured inventory of linguistic constructions）ではないかと述べている（Tomasello, 2003, p. 7）。つまり、正しく文を解釈したり生み出したりするための規則を保持しているのではなく、よく使うものからあまり使わない低頻度のものまで、様々な構文を格納していて、それらを文理解や文産出の際に使っているのではないかと述べている。そしてこの構文知識は、意識的に取り出せるようなものではなく、いつの間にか無意識的に検索・活用できる、膨大な容量の潜在的記憶（知識）であると言えよう。

　筆者は、トマセロの言う以上のような構文目録は、本書において詳細に検討している定型表現（フォーミュラ：formula）とかなりの共通項を持っていると考えている。母語（第一言語）獲得では、定型表現は、大量のインプットに基づいて、自然に、潜在的に獲得される。しかし、一般にインプット量が限られてしまう第二言語習得では、インプット量を大幅に増大させようとする多読・多聴（extensive reading / listening）によるインプット駆動型プラクティスが効果的な潜在学習を提供できる方法だと言える。

　また、フォーミュラは、他者に向けて外的に、能動的に自身で発声（調音）を繰り返す、シャドーイング・音読（shadowing / oral reading）によるアウトプット駆動型プラクティスを通じて、潜在的に（場合によっては顕在的に）記憶に蓄えることもできる。このようなプラクティスが、繰り返しフォーミュラ（構文）に遭遇することで、そこからパターン（規則性）を帰納する「創発学習（emergent learning）」を可能にしてくれるのではないか。潜在学習による創発を、第二言語習得において促進してくれるのが多読・多聴、さらにはシャドーイング・音読によるプラクティスの効果であると考えられる。言い換えると、認知心理学の基本的な研究パラダイムであるプライミング、とりわけ「反復プライミング（repetition priming）」を活用したプラクティスの効果であると言えよう（Kadota, 2019）。

ただし、第二言語習得において、以上のような潜在学習だけでどこまで効果があるかについては、研究者間で異論も多くある。この点、プラクティスの重要性を主張するDeKeyserは、その著書の中で、次のように、顕在知識と潜在知識とは別に、「自動化された顕在知識」を仮定することで、潜在知識と区別している（DeKeyser, 2007, p. 288）。

　　In terms of goals to be achieved by L2 practice activities, therefore, the declarative/procedural or the more detailed declarative/proceduralized/ automatized distinctions are more useful. It is clear that a high degree of automaticity, however hard it may be to achieve, is the ultimate goal for most learners, both because of its impact on the quality of linguistic output and because of how it frees up resources for processing message content instead of language.　　　　　　　　　　（DeKeyser, 2007, p. 288）

要は、第二言語学習者にとって、最終的に目指すべきは潜在性ではなく自動性であるというのである。これまで、Krashen（1982）以来、顕在記憶（明示的知識：explicit knowledge）と潜在記憶（非明示的知識：implicit knowledge）の間のインターフェイスの有無に関しては、第二言語習得研究の積年のテーマであった。しかし、この「自動化された顕在記憶（知識）」という概念を提唱することで、一気に解決できるのではないかと考えられる。この立場からは、多読・多聴、シャドーイング・音読などの潜在的なプラクティスのみに頼るのではなく、それらを基盤としながらも、必要な知識は顕在的・明示的に提供するという「学習の枠組み（モデル）」が不可欠であると言えよう。今後のさらなる議論に期待したい。

まとめ

・すべての人間言語の成立要件を定めた普遍文法と、言語に固有のパラメータから構成される「言語本能」を仮定した生成文法に対し、「相互交流本能」を仮定して、文化的な産物として、互いの交流の中で言語が出現する

としたのが用法基盤モデルである。

・用法基盤モデルでは、①意図の読み取りと②パターン発見を可能にする仕組みがヒトの母語（第一言語）獲得の根幹を成すと考えられる。

・第二言語の用法基盤アプローチとして、「多読・多聴学習」による、フォーミュラ・構文の反復プライミングによる学習がある。このような多読・多聴のプラクティス効果は、理論的にも、インプット理論とアウトプット理論を結びつける第二言語習得モデルである。

・上記のプラクティスには、シャドーイングや音読のような「アウトプット駆動型プラクティス」と、多読・多聴による「インプット駆動型プラクティス」に区別できる。

・第二言語学習者が目指す最終到達点として、「構造化されたフォーミュラ・構文目録」が仮定できるが、これを「自動化された顕在知識」まで転換することが必要である。

● For further study: 今後の研究のためのヒント ●

● ①多読（多聴）の効果として、1万語、3万語、5万語、10万語の多読（多聴）を達成した学習者に、本書で報告したフォーミュラの親密度調査を実施し、多読（多聴）を実施していない学習者とどのような違いがあるか、検証する。

● ②上記①の親密度調査の代わりに、1万語、3万語、5万語、10万語の多読（多聴）を達成した学習者と、そのような学習を行っていない学習者に、PCを利用してフォーミュラ、非フォーミュラの正誤判断課題を課し、その際の正答率や反応時間を測定する。

● ③1万語、3万語、5万語、10万語の多読（多聴）による「インプット駆動型プラクティス」の効果と、1万語、3万語、5万語、10万語のシャドーイング・音読トレーニングを実施した「アウトプット駆動型プラクティス」の効果を、上記の親密度やフォーミュラ、非フォーミュラの正誤判断の調査を実施して、比較検証する。

フォーミュラの基本文献紹介

Siyanova-Chanturia, A., & Pellicer-Sánchez, A.（2019）.*Understanding formulaic language*. New York, NY: Routledge.

> フォーミュラ研究の第一人者らによる、フォーミュラ研究の最新の動向について、具体的な研究を踏まえつつ様々な角度から論じた著作である。新たにフォーミュラ研究を計画するうえで参考になる書物である。

Webb, S.（Ed.）（2019）. *The Routledge handbook of vocabulary studies.* New York, NY: Routledge.

> 気鋭の語彙研究者達によって執筆された、語彙研究分野における初のRoutledge ハンドブックである。最新のフォーミュラ研究入門としても最適であり、以下の8つの章(*)を通読することでフォーミュラの基礎から応用まで把握することができる。英語で書かれた最新の必読書である。
>
> ＊フォーミュラの分類（第3章）／フォーミュラ学習の要因（第10章）／語彙学習とフォーミュラ学習の比較（第11章）／語彙処理とフォーミュラ処理の比較（第12章）／フォーミュラ学習に役立つリソース紹介（第22章）／フォーミュラ知識の評価方法（第25章）／フォーミュラ指導のうえでの重要事項（第31章）／フォーミュラ研究のうえでの重要事項（第33章）

Wray, A.（2002）. *Formulaic language and the lexicon.* Cambridge: Cambridge University Press.

> フォーミュラ研究の古典的名著であり、フォーミュラについての基礎を把握するうえで最適である。この本によるフォーミュラの定義が、フォーミュラの全体的保持／処理の是非についてのその後の多くの議論や研究の元になった。

横川博一（編）（2006）.『日本人英語学習者の英単語親密度 文字編：教育・研究のためのデータベース』東京：くろしお出版.

横川博一（編）（2009）.『日本人英語学習者の英単語親密度 音声編：教育・研究のためのデータベース』東京：くろしお出版.

フォーミュラに関する文献ではないが、本書の研究の重要な観点である「親密度」を英単語学習研究に応用した嚆矢となる文献である。研究デザイン・分析方法など、フォーミュラ親密度について検討するうえでも有益な情報が多い。

コーウィー，A. P.（2009）『慣用連語とコロケーション：コーパス・辞書・言語教育への応用』（南出康世・石川慎一郎 監訳）東京：くろしお出版.

本書では認知心理学的実験手法や大規模アンケート調査などが主な方法論であったが、フォーミュラ研究のためには異なったアプローチも存在する。コーパス言語学、ジャンル分析、ライティングなどの観点でのフォーミュラ（特にコロケーション）研究について学ぶうえで、最適である。

《外国語教育メディア学会（LET）関西支部基礎理論研究部会輪読文献》
Carrol, G., & Conklin, K.（2015）. Cross language lexical priming extends to formulaic units: Evidence from eye-tracking suggests that this idea 'has legs'. *Bilingualism*: *Language and Cognition*, 1–19.　　（2015 年 9 月例会）

新奇な語彙連鎖に比べてフォーミュラは処理が早くなるという効果（イディオムプライミング効果）について、第二言語処理と第一言語処理を比較して研究した文献である。2 つの実験の結果、イディオムの構成語の語形の認知は自動的な過程であるが、必ずしも意味処理を伴わないことが明らかになった。このことより、言語非特定的概念ルートモデルではなく言語特定的語彙翻訳メカニズムのほうが妥当であると結論付けている。本研究は、視線計測方法や言語間プライミング実験のデザインについても参考になる。

Ellis, N. C., Simpson-Vlach, R., & Maynard, C.（2008）. Formulaic language in native and second language speakers: Psycholinguistics, corpus linguistics, and TESOL. *TESOL Quarterly*, *42*(3), 375–396.　　（2015 年 1 月例会）

コーパス言語学や心理言語学の手法を活用しながら、フォーミュラ処理について研究した文献である。第一言語でのフォーミュラ処理は mutual information（MI）の影響を主に受ける一方、第二言語では頻度の影響が主である、といった発見について記述してあり、第一言語と第二言語の間の違いを考察するうえでも興味深い。

Hallin, A. E., & Lancker, D.V.（2015）. A closer look at formulaic language: Prosodic characteristics of Swedish proverbs. *Applied Linguistics*, *36*(1), 1–23.　　　　　　　　　　　　　　　　　　　　　（2015 年 5 月例会）

　韻律（prosody）の観点からフォーミュラを研究した文献である。ことわざ（フォーミュラ）と新奇な語彙連鎖（非フォーミュラ）の発話を比較した結果、フォーミュラには特徴的な韻律的特徴が見られることを明らかにした。音韻処理の観点からフォーミュラについて研究するうえで、リサーチデザインなどが参考になる。

Kim, S., & Kim, J.（2012）. Frequency effects in L2 multiword unit processing: Evidence from self-paced reading. *TESOL Quarterly*, *46*(4), 831–841.　　　　　　　　　　　　　　　　　　　　　（2015 年 4 月例会）

　自己ペース読み課題を使ってフォーミュラ処理に頻度が与える影響について研究した文献である。実験の結果、ネイティブ話者では広く頻度効果は見られた一方、非ネイティブ話者では頻度に大きな差がある項目間でしか頻度効果が見られなかった。つまり、第二言語フォーミュラ処理では、たとえ上級学習者であっても、とても高頻度のフォーミュラ処理しかチャンク化されていないことが示唆された。

Lin, P. M. S.（2010）. The phonology of formulaic sequences: A review. In D. Wood（Ed.）, *Perspectives on formulaic language: Acquisition and communication*（pp. 174–193）. London: Continuum. （2015 年 11 月例会）

　音韻処理の観点からフォーミュラについて研究するうえでの必読レビュー文

献である。話しことばのフォーミュラと書きことばのフォーミュラの違いについて触れたうえで、フォーミュラの音韻的特徴や実験的研究について豊富な実例を紹介しており、研究上の指針を提供している。

Shin, D., & Nation, P.（2008）. Beyond single words: The most frequent collocations in spoken English. *ELT Journal*, *62*（4）, 339–348.

（2014 年 12 月例会）
初級のスピーキングコースのシラバスデザインに役立つ、100 項目の最頻コロケーション項目を抽出・選定した文献である。最重要フォーミュラを知るうえで役立つほか、「頻度はすべてではない（frequency is not everything）…いくつかの重要な基準の一つに過ぎない」という指摘は、頻度に重きを置きすぎる傾向に警鐘を鳴らし、今後の研究への示唆に富む。

Simpson-Vlach, R., & Ellis, N. C.（2010）. An academic formulas list: New methods in phraseology research. *Applied Linguistics*, *31*（4）, 487–512.

（2015 年 2 月例会）
979 項目の話しことば項目、712 項目の書きことば項目、双方で頻出の 207 コア項目からなる学術的フォーミュラリストを、コーパス言語学的手法を活用して作成した経緯と結果について書かれた文献である。選定方法や分類方法など、フォーミュラ研究の参考になる記述が多い。

Siyanova-Chanturia, A.（2013）. Eye-tracking and ERPs in multi-word expression research: A state-of-the-art review of the method and findings. *The Mental Lexicon*, *8*（2）, 245–268.
（2015 年 7 月例会）
フォーミュラ研究の最新の方法論について、特に視線計測（eye-tracking）と事象関連電位（event-related potentials）の 2 種類について説明した文献である。それぞれの方法を使用した研究例やそれらのリミテーションについて豊富に紹介しており、アイトラッカーや脳波研究をデザインするうえで役立つ。

Siyanova-Chanturia, A.（2015）. On the 'holistic' nature of formulaic language. *Corpus Linguistics and Linguistic Theory*, *11*（2）, 285–301.

（2016 年 4 月例会）

フォーミュラが全体貯蔵・全体処理されるという支配的なモデルを批判的に論じた文献である。処理の速さと全体貯蔵・処理モデルを同一視する傾向が問題であることを心理言語学・神経言語学の諸研究を参考にしながら説き起こしている。用法基盤モデル（usage-based models）につながる議論の展開など、フォーミュラの全体貯蔵・処理を検討するうえで興味深い。

Siyanova-Chanturia, A.（2015）. Collocation in beginner learner writing: A longitudinal study. *System*, *53*, 148–160.　　　　（2016 年 5 月例会）

第二言語のコロケーション獲得について、教育課程の始め、中間、終わりの三回にわたっての変化を経時的に研究した文献である。相互情報量（mutual information）を使用してのライティングにおけるフォーミュラ評価や、授業実践に適したフォーミュラ研究など、方法論でも参考になる箇所が多い。

Wolter, B., & Gyllstad, H.（2013）. Frequency of input and L2 collocational processing. *Studies in Second Language Acquisition*, *35*, 451–482.

（2015 年 12 月例会）

用法基盤モデルを参照しつつ、フォーミュラの一種であるコロケーションの処理における頻度効果を研究した文献である。第二言語処理で高い頻度効果が見られ、用法基盤モデルを指示する結果が得られた。しかし一方で、習熟度の高い学習者であっても一致性（第一言語に翻訳上等価なフォーミュラがあるかどうか）による影響が見られ、これを説明するためには獲得年齢効果や獲得順序効果といった他の要因を勘案する必要があることが示唆された。

Yamashita, J., & Jiang, N.（2010）. L1 influence on the acquisition of L2 collocations: Japanese ESL users and EFL learners acquiring English collocations. *TESOL Quarterly, 44,* 647–668.　　　　（2016 年 1 月例会）

　第二言語コロケーション処理における第一言語の影響を研究した結果、(a)
第一言語との一致性や第二言語への露出が第二言語コロケーション処理に影
響を与えること、(b)ESL 環境のように第二言語露出の多い環境でも、非一
致型のコロケーションの獲得は困難であること、(c)一旦獲得した第二言語
コロケーションは第一言語とは独立して処理されるようになることなどが明
らかになった。EFL 学習者と ESL 学習者のフォーミュラ処理の違いを考え
るうえでも参考になる文献である。

エピローグ：
第二言語（外国語）の習得に否定証拠は必要？

　私自身はあまり「否定的」なタイプの人間ではありません。どちらかと言うと、「肯定的」なタイプの人間です。少なくとも個人的にはそう思っています。ここで言う「否定的」「肯定的」とは、例えばできるかできないかわからないけれども、チャレンジしてみようかどうかといった状況になったとき、「失敗するかもしれないからやめておこう」と思わずに、「ぜひやってみよう」と思ったり、人からそんな質問を受けたとき、「危ないからやめておいたほうがいいよ」と言うより、「やってみたらどうですか」と言ったりするタイプだというイメージを持っていただくと結構です。

　私たちが研究対象にしている「言語」について、母語（第一言語）習得の不思議さを指摘する声をときに耳にします。「肯定証拠インプットだけで、どうして子どもは、複雑なルールを備えた自然言語が習得できるのか」というのです。例えば、「黄色い自動車」という言い方はありますが、それに対し「消防自動車」と子どもが発話しても、周りの大人はほとんど直さない、つまり否定証拠を与えません。また、たまに大人が訂正しても、子どもは全く意に介していないこともあります。例：「おとうちゃん、まどあいて」「まどあけてだろ」「うん、まどあいてよ」「まどあけてだよ」「いいからまどあいてよ、おとうちゃん」といった具合です。つまり、こういう言い方はしないという否定証拠インプットがなくても、また否定証拠を与えてもそれを受け付けないまま、複雑なルールをもつ言語システムを構築してしまう。これがどうして可能なのかを説明するには、「普遍文法などの生得的資質」が備わっていると仮定しなければ説明できないというのです。これが、チョムスキー等が仮定した生成文法の UG-based な立場です。

　これに対し、第二言語習得では、肯定証拠だけでは、学習者が正確な第二言語（外国語）の言語システム（中間言語）を構築できないので、こういう言い方はしないという否定証拠が必要で、近年は教師による修正フィードバック

（corrective feedback）が果たす役割やその有効性について、大いに議論されています。教師も学習者も、こうは言わないという否定証拠が第二言語習得には不可欠だというのです。

生成文法の UG-based な立場からは、訂正フィードバック（否定証拠）を与えることによって、個別言語システムの習得に必要なパラメータをリセッティング（再設定）させる働きがあるのではないかと言われています。

筆者としては、何か意味伝達をしようとしているときに、間違いに対するフィードバックを受けて、訂正をされていることに学習者が気づいたとします。そのときには、それを自身も模倣するという、どちらかというとトマセロの意図の読み取りが、教師とのインタラクションを通じて生じ、それが学習を促進しているのではないかと考えています。

さて、第二言語習得に、本当に上記のような否定証拠が必要なのでしょうか。第二言語習得は、否定証拠にもとづいてはじめて可能になるのでしょうか。個人的には、はなはだ疑問です。というか、むしろそのような否定証拠がなくても、実は全く問題なく、第二言語習得は可能ではないかと考えています。つまり、私たちの言語知識は、母語でも第二言語（外国語）でも、これは言えるという肯定証拠（positive evidence）があれば十分なのではないかと考えているのです。

ことばを、これまでのように「規則に支配された（rule-governed）システム」だと捉えると、確かに「こういう言い方をする」という肯定証拠だけでは不十分で、「こうは言わない」という否定証拠が必要になるでしょう。しかし、ことばを使う能力は、規則（ルール）というよりむしろ、必要な表現・構文をよく使う高頻度のものから低頻度のものまで、順に取り出しやすいようにメモリー（潜在記憶）に保存している、と捉えるとどうでしょうか。否定証拠もルール化も不必要で、肯定証拠の積み重ねによるパターン化で実は十分ではないでしょうか。「このような言い方はしない」ということや「なぜこのような言い方をするのは間違いなのか」という知識をもらっても、それが網羅的な情報でない限り、他に転用（transfer）するための基盤を持っていないので、活用可能な知識ではないと考えます。要は、こういう言い方がで

きるというデータ、つまりコーパス的「あるある」知識を、大量にインプットすることがポイントで、それで意味内容とそれを表す言語形式のマッピングを十分に蓄積できるのではないでしょうか。

　以上はまさに、トマセロが、母語話者の頭の中にあると主張している、「構造的な構文目録（structured inventory of constructions）」の発想であり、また、第二言語習得の場合も、多読・多聴などによる大量のインプットにもとづいて学習者の脳内に形成される、「フォーミュラ貯蔵庫（a repertory of formulaic sequences）」であると考えられます。これらが、否定証拠を媒介としない、肯定証拠のみから構築された言語システムで、これが言語能力を構成しているのではないでしょうか。

　筆者の個人的体験で恐縮ですが、2019 年にはじめて海外出版社から英語で専門書・啓蒙書を刊行しました。*Shadowing as a Practice in Second Language Acquisition* というタイトルで Routledge から出した本です。その執筆時、英語のライティング能力の習得に際して、否定証拠、すなわち英語ではこんな言い方はしないというのは何の役にも立たないことを実感しました。そのような否定証拠にもとづく知識を得ても、執筆（ライティング）には一切役立たないのです。何度も辞書を引いて、あるいは時にはコーパスをチェックし、こういう言い方は大丈夫かどうかを調べ、使えることを確認したうえで、よしここではこの表現を使おう、というように作文をしていきました。これが実態です。つまり、肯定証拠を集めて、それらを積み重ねて使用していく中で、ある程度自信を持ってライティングができるようになったのです。実はこれはライティングだけの問題ではなく、私たち第二言語使用者（ユーザ）が習得・活用している、言語システムの実態ではないでしょうか。

　本書は、学習者の第二言語能力としては、構文、フォーミュラなどの肯定証拠を蓄積した、かなりの程度構造化された目録（貯蔵庫）を目指そうという考え方をもとにしています。換言すれば、第二言語としての英語の、『肯定証拠に充ち満ちた、限りなく肯定的な「あるある表現」』をもとに、いかにして第二言語習得を実現するかその展望を示した本に仕上がったのではない

かと、ひそかに自負しています。

2019 年 11 月

門田修平

関西学院大学 法学部 教授

外国語教育メディア学会(LET)関西支部 基礎理論研究部会 顧問

付録：フォーミュラ親密度リスト

下記ウェブサイトにアクセスして所定の情報をご記入ください。
Microsoft Excel 形式でダウンロードできます。
https://www.9640.jp/books_834/
＊パスワードは本書の中（第2部と第3部の扉の下部）に記載があります。
＊フォーミュラ情動価リスト（第4部 第3章 参照）についてもダウンロード可能です。
＊本データは、本書のご購入者・所有者を対象に提供しているものです。図書館の館
　内閲覧または館外貸出で本書を一時的に利用する方は、本データをダウンロードし
　ての利用はご遠慮ください。

順位	フォーミュラ	評定平均	頻度順位 (BNC コーパス)	頻度数 (BNC コーパス)	親密度順位 ー頻度順位	語	音節	アルファベット数
1	last night	6.74	51	7,992	-50	2	2	9
2	give up	6.69	130	3,997	-128	2	2	6
3	of course	6.64	5	26,966	-2	2	2	8
4	have to	6.61	1	83,092	3	2	2	6
5	take care of	6.54	437	1,034	-432	3	3	10
6	come back	6.53	62	6,772	-56	2	2	8
6	each other	6.53	43	10,160	-37	2	2	9
8	a lot	6.52	10	22,332	-2	2	2	4
9	would you like	6.50	410	1,133	-401	3	3	12
10	all right	6.44	88	5,230	-78	2	2	8
10	pick up	6.44	46	9,252	-36	2	2	6
12	at first	6.43	127	4,275	-115	2	2	7
13	kind of	6.40	150	3,510	-137	2	2	6
13	look for	6.40	50	8,377	-37	2	2	7
15	so that	6.37	12	20,966	3	2	2	6
15	used to	6.37	23	14,411	-8	2	2	6
17	as long as	6.35	97	5,084	-80	3	3	8
17	take off	6.35	262	1,957	-245	2	2	7
19	no idea	6.34	297	1,670	-278	2	3	6
19	there is	6.34	2	59,833	17	2	2	7
21	by the way	6.32	347	1,433	-326	3	3	8
22	a few	6.30	6	26,451	16	2	2	4
22	a little	6.30	13	20,296	9	2	2	7
24	going to	6.29	4	28,259	20	2	2	7
25	get up	6.28	133	3,857	-108	2	2	5
26	thanks to	6.27	235	2,159	-209	2	2	8
27	such as	6.26	3	30,857	24	2	2	6
28	as soon as	6.24	84	5,323	-56	3	3	8
29	at last	6.22	125	4,306	-96	2	2	6

順位	フォーミュラ	評定平均	頻度順位 (BNC コーパス)	頻度数 (BNC コーパス)	親密度順位 ー頻度順位	語	音節	アルファ ベット数
29	how about	6.22	490	805	-461	2	3	8
29	in order to	6.22	31	12,762	-2	3	3	9
29	look like	6.22	63	6,595	-34	2	2	8
33	come on	6.21	117	4,519	-84	2	2	6
33	long ago	6.21	386	1,273	-353	2	2	7
33	more and more	6.21	213	2,468	-180	3	3	11
33	too much	6.21	57	7,123	-24	2	2	7
37	in fact	6.19	16	15,983	21	2	2	6
37	next to	6.19	180	2,882	-143	2	2	6
37	these days	6.19	217	2,440	-180	2	2	9
40	in front of	6.18	91	5,190	-51	3	3	9
41	at all	6.15	21	14,650	20	2	2	5
42	come to	6.13	102	4,970	-60	2	2	6
43	make up	6.12	155	3,394	-112	2	2	6
44	as well as	6.11	15	18,041	29	3	3	8
45	not only	6.08	25	14,110	20	2	3	7
45	think about	6.08	55	7,243	-10	2	3	10
47	a number of	6.07	20	15,090	27	3	4	9
47	over there	6.07	192	2,678	-145	2	3	9
49	go back	6.06	135	3,722	-86	2	2	6
50	as well	6.05	36	11,519	14	2	2	6
51	I'm afraid	6.04	332	1,495	-281	2	3	9
52	look forward to	6.03	224	2,331	-172	3	4	13
53	go away	6.02	237	2,150	-184	2	3	6
53	good at	6.02	320	1,562	-267	2	2	6
55	keep on	6.01	498	788	-443	2	2	6
55	on the other hand	6.01	86	5,267	-31	4	5	14
57	find out	5.97	64	6,499	-7	2	2	7
58	as a result	5.95	52	7,939	6	3	4	9
59	take part in	5.94	221	2,374	-162	3	3	10
59	that is	5.94	77	5,737	-18	2	2	6
61	get to	5.93	131	3,979	-70	2	2	5
61	right now	5.93	335	1,482	-274	2	2	8
63	as far as	5.92	112	4,619	-49	3	3	7
63	by the time	5.92	142	3,607	-79	3	3	9
65	happen to	5.91	299	1,664	-234	2	2	8
65	in time	5.91	145	3,566	-80	2	2	6

順位	フォーミュラ	評定平均	頻度順位(BNCコーパス)	頻度数(BNCコーパス)	親密度順位－頻度順位	語	音節	アルファベット数
65	oh no	5.91	196	2,642	-131	2	2	4
65	such a	5.91	8	23,894	57	2	2	5
69	in addition	5.90	53	7,822	16	2	4	10
70	at the time	5.88	85	5,282	-15	3	3	9
70	carry out	5.88	38	10,753	32	2	2	8
70	go out	5.88	93	5,173	-23	2	2	5
70	in case	5.88	210	2,536	-140	2	2	6
70	think so	5.88	248	2,033	-178	2	2	7
75	as good as	5.85	435	1,043	-360	3	3	8
76	as if	5.83	22	14,470	54	2	2	4
77	instead of	5.82	61	6,907	16	2	3	9
78	in the end	5.81	171	3,050	-93	3	3	8
78	set up	5.81	34	11,560	44	2	2	5
80	no matter	5.80	275	1,888	-195	2	3	8
80	the other day	5.80	428	1,066	-348	3	4	11
82	had better	5.79	250	2,022	-168	2	2	9
82	make sure	5.79	81	5,510	1	2	2	8
84	get out	5.78	105	4,858	-21	2	2	6
85	go on	5.77	18	15,610	67	2	2	4
85	to me	5.77	370	1,345	-285	2	2	4
87	feel like	5.76	219	2,431	-132	2	2	8
87	on the way	5.76	96	5,085	-9	3	3	8
87	rather than	5.76	11	21,085	76	2	3	10
90	at least	5.73	7	25,034	83	2	2	7
90	turn out	5.73	123	4,354	-33	2	2	7
92	in other words	5.72	162	3,159	-70	3	4	12
93	no longer	5.71	49	8,556	44	2	3	8
94	all the time	5.70	148	3,527	-54	3	3	10
94	next door	5.70	343	1,449	-249	2	2	8
96	at once	5.68	137	3,684	-41	2	2	6
96	carry on	5.68	134	3,759	-38	2	2	7
98	at the moment	5.67	100	5,001	-2	3	4	11
98	for long	5.67	323	1,553	-225	2	2	7
98	take over	5.67	82	5,394	16	2	3	8
98	turn on	5.67	227	2,266	-129	2	2	6
102	no more than	5.66	159	3,226	-57	3	3	10
102	take place	5.66	39	10,556	63	2	2	9

順位	フォーミュラ	評定平均	頻度順位 (BNC コーパス)	頻度数 (BNC コーパス)	親密度順位－頻度順位	語	音節	アルファベット数
104	something about	5.65	246	2,071	-142	2	4	14
105	after all	5.64	90	5,197	15	2	3	8
105	part time	5.64	223	2,343	-118	2	2	8
107	no one	5.63	45	9,597	62	2	2	5
108	add to	5.62	351	1,424	-243	2	2	5
109	all over	5.61	120	4,420	-11	2	3	7
109	to go	5.61	491	801	-382	2	2	4
111	look after	5.60	124	4,332	-13	2	3	9
112	get away	5.59	406	1,165	-294	2	3	7
113	at the same time	5.58	179	2,892	-66	4	4	13
113	believe in	5.58	215	2,450	-102	2	3	9
115	lead to	5.57	28	13,555	87	2	2	6
116	a couple of	5.56	60	7,007	56	3	3	9
117	get on	5.54	460	944	-343	2	2	5
117	in spite of	5.54	193	2,676	-76	3	3	9
119	so far	5.52	98	5,018	21	2	2	5
120	come up with	5.51	270	1,898	-150	3	3	10
121	in part	5.50	195	2,652	-74	2	2	6
122	come across	5.49	366	1,362	-244	2	3	10
122	even though	5.49	78	5,664	44	2	2	10
122	get off	5.49	139	3,656	-17	2	2	6
125	due to	5.48	41	10,454	84	2	2	5
125	put up	5.48	318	1,571	-193	2	2	5
125	tend to	5.48	40	10,504	85	2	2	6
128	focus on	5.47	136	3,703	-8	2	3	7
128	it takes	5.47	138	3,670	-10	2	2	7
130	in place	5.45	185	2,805	-55	2	2	7
131	up and down	5.44	467	898	-336	3	3	9
132	along with	5.43	103	4,948	29	2	3	9
132	once again	5.43	147	3,532	-15	2	3	9
134	if you like	5.42	391	1,256	-257	3	3	9
134	out of	5.42	122	4,361	12	2	2	5
134	turn up	5.42	181	2,865	-47	2	2	6
137	based on	5.40	37	11,440	100	2	2	7
137	go ahead	5.40	249	2,023	-112	2	3	7
139	too many	5.39	204	2,587	-65	2	2	7
140	in advance	5.37	259	1,983	-119	2	3	9

順位	フォーミュラ	評定平均	頻度順位 (BNC コーパス)	頻度数 (BNC コーパス)	親密度順位 ー頻度順位	語	音節	アルファ ベット数
140	lots of	5.37	143	3,605	-3	2	2	6
142	bring up	5.36	261	1,958	-119	2	2	7
143	full time	5.35	187	2,761	-44	2	2	8
144	account for	5.34	110	4,642	34	2	3	10
145	back up	5.33	436	1,042	-291	2	2	6
145	deal with	5.33	27	13,634	118	2	2	8
145	the case	5.33	108	4,794	37	2	2	7
148	care for	5.32	173	3,004	-25	2	2	7
148	in short	5.32	313	1,602	-165	2	2	7
148	over time	5.32	425	1,069	-277	2	3	8
151	about to	5.31	114	4,600	37	2	3	7
151	something like	5.31	168	3,092	-17	2	3	13
153	get into	5.29	151	3,508	2	2	3	7
153	in common	5.29	274	1,890	-121	2	3	8
153	in practice	5.29	141	3,609	12	2	3	10
156	look to	5.28	495	790	-339	2	2	6
156	stand for	5.28	453	977	-297	2	2	8
156	up to	5.28	47	8,733	109	2	2	4
159	call on	5.27	253	2,016	-94	2	2	6
159	go through	5.27	74	5,857	85	2	2	9
159	in the way	5.27	172	3,013	-13	3	3	8
159	manage to	5.27	68	6,234	91	2	3	8
163	as usual	5.25	384	1,287	-221	2	3	7
163	at work	5.25	500	787	-337	2	2	6
163	consist of	5.25	83	5,362	80	2	3	9
166	at times	5.24	254	2,014	-88	2	2	7
166	some kind of	5.24	295	1,678	-129	3	3	10
166	up to date	5.24	388	1,268	-222	3	3	8
169	and so on	5.23	116	4,584	53	3	3	7
169	make sense	5.23	312	1,608	-143	2	2	9
171	as such	5.22	225	2,290	-54	2	2	6
172	if only	5.21	279	1,830	-107	2	3	6
172	in that	5.21	107	4,805	65	2	2	6
172	whether or not	5.21	184	2,824	-12	3	3	12
175	get back	5.20	160	3,178	15	2	2	7
176	in mind	5.19	197	2,638	-21	2	2	6
177	likely to	5.18	17	15,854	160	2	3	8

順位	フォーミュラ	評定平均	頻度順位 (BNC コーパス)	頻度数 (BNC コーパス)	親密度順位 −頻度順位	語	音節	アルファベット数
178	for instance	5.17	56	7,138	122	2	3	11
178	one another	5.17	199	2,623	-21	2	3	10
178	so far as	5.17	393	1,251	-215	3	3	7
181	in contrast	5.16	230	2,229	-49	2	3	10
181	supposed to	5.16	115	4,586	66	2	3	10
183	in a way	5.15	189	2,684	-6	3	3	6
183	result in	5.15	76	5,763	107	2	3	8
185	other than	5.14	121	4,380	64	2	2	9
185	put it	5.14	216	2,449	-31	2	2	5
187	come up to	5.13	471	881	-284	3	3	8
187	in any case	5.13	235	2,159	-48	3	3	9
187	known to	5.13	169	3,091	18	2	2	7
187	ought to	5.13	99	5,002	88	2	2	7
187	thought of	5.13	429	1,065	-242	2	2	9
192	make one's way	5.12	345	1,446	-153	3	3	12
193	at present	5.11	183	2,847	10	2	2	9
193	catch up	5.11	417	1,095	-224	2	2	7
193	nothing but	5.11	340	1,466	-147	2	3	10
196	in detail	5.09	337	1,473	-141	2	3	8
197	a case of	5.08	469	888	-272	3	3	7
197	by far	5.08	464	925	-267	2	2	5
197	I mean	5.08	9	23,616	188	2	2	5
197	what about	5.08	161	3,160	36	2	3	9
201	at a time	5.07	372	1,340	-171	3	3	7
202	come out	5.06	71	6,031	131	2	2	7
202	the latter	5.06	80	5,519	122	2	3	9
204	take advantage	5.05	264	1,949	-60	2	4	13
205	a good	5.04	380	1,298	-175	2	2	5
205	be expected to	5.04	72	5,964	133	3	5	12
205	fail to	5.04	42	10,263	163	2	2	6
205	in charge	5.04	218	2,432	-13	2	2	8
205	make use of	5.04	400	1,191	-195	3	3	9
205	turn into	5.04	245	2,072	-40	2	2	8
211	common sense	5.03	433	1,049	-222	2	3	11
211	go into	5.03	203	2,595	8	2	3	6
211	move on	5.03	229	2,245	-18	2	2	6

順位	フォーミュラ	評定平均	頻度順位 (BNC コーパス)	頻度数 (BNC コーパス)	親密度順位 ー頻度順位	語	音節	アルファ ベット数
211	take on	5.03	118	4,451	93	2	2	6
215	on the one hand	5.02	356	1,406	-141	4	4	12
216	make up one's mind	5.01	498	788	-282	4	4	15
216	run out	5.01	348	1,430	-132	2	2	6
218	all the way	5.00	255	2,007	-37	3	3	9
218	break up	5.00	316	1,595	-98	2	2	7
218	regard to	5.00	198	2,630	20	2	3	8
218	shut up	5.00	423	1,079	-205	2	2	6
222	you see	4.99	58	7,102	164	2	2	6
223	never mind	4.98	466	915	-243	2	3	9
223	point out	4.98	65	6,325	158	2	2	8
225	for all	4.97	403	1,182	-178	2	2	6
225	in a sense	4.97	441	1,014	-216	3	3	8
225	in the same way	4.97	284	1,784	-59	4	4	12
225	those who	4.97	26	13,951	199	2	2	8
229	on one's own	4.96	87	5,240	142	3	3	10
230	in turn	4.95	146	3,558	84	2	2	6
230	such that	4.95	342	1,454	-112	2	2	8
230	turn down	4.95	459	951	-229	2	2	8
230	work out	4.95	119	4,432	111	2	2	7
234	afford to	4.94	257	1,989	-23	2	3	8
235	so as to	4.93	263	1,954	-28	3	3	6
235	take for granted	4.93	413	1,120	-178	3	4	14
237	little more than	4.92	410	1,133	-173	3	3	14
238	on average	4.90	441	1,014	-203	2	3	9
238	rely on	4.90	152	3,488	86	2	3	6
240	first of all	4.89	367	1,352	-127	3	3	10
240	for good	4.89	431	1,061	-191	2	2	7
240	to do with	4.89	92	5,184	148	3	3	8
243	at one time	4.88	441	1,014	-198	3	3	9
243	by contrast	4.88	348	1,430	-105	2	3	10
243	concerned with	4.88	112	4,619	131	2	3	13
243	go for	4.88	153	3,421	90	2	2	5
243	keep up	4.88	296	1,674	-53	2	2	6
248	once more	4.87	238	2,146	10	2	2	8

順位	フォーミュラ	評定平均	頻度順位 (BNC コーパス)	頻度数 (BNC コーパス)	親密度順位－頻度順位	語	音節	アルファベット数
248	opposed to	4.87	432	1,059	-184	2	3	9
250	in hand	4.86	346	1,443	-96	2	2	6
250	long before	4.86	385	1,282	-135	2	3	10
250	make out	4.86	482	842	-232	2	2	7
250	point of view	4.86	182	2,864	68	3	3	11
250	shake one's head	4.86	158	3,250	92	3	3	14
250	they say	4.86	175	2,962	75	2	2	7
250	work on	4.86	54	7,600	196	2	2	6
257	in particular	4.85	59	7,092	198	2	5	12
257	more or less	4.85	206	2,579	51	3	3	10
259	at best	4.84	479	844	-220	2	2	6
259	on the road	4.84	358	1,400	-99	3	3	9
261	at this point	4.83	276	1,884	-15	3	3	11
262	apart from	4.80	66	6,287	196	3	3	9
262	as for	4.80	163	3,157	99	2	2	5
262	when it comes to	4.80	401	1,188	-139	4	4	13
265	in need	4.79	412	1,122	-147	2	2	6
266	by no means	4.78	268	1,925	-2	3	3	9
266	by now	4.78	247	2,044	19	2	2	5
266	follow up	4.78	240	2,128	26	2	3	8
266	for the moment	4.78	419	1,092	-153	3	4	12
270	come about	4.77	501	787	-231	2	3	9
271	as a whole	4.76	140	3,615	131	3	3	8
271	subject to	4.76	89	5,218	182	2	3	9
273	as to	4.75	35	11,535	238	2	2	4
274	the means	4.73	306	1,626	-32	2	2	8
275	turn back	4.72	486	827	-211	2	2	8
276	a great deal	4.71	94	5,126	182	3	3	10
277	call for	4.70	67	6,243	210	2	2	7
277	fill in	4.70	402	1,187	-125	2	2	6
277	followed by	4.70	106	4,816	171	2	3	10
277	take account of	4.70	398	1,217	-121	3	4	13
281	aim to	4.68	154	3,415	127	2	2	5
281	as though	4.68	101	4,988	180	2	2	8
281	something like that	4.68	399	1,192	-118	3	4	17
284	in effect	4.67	256	1,995	28	2	3	8

順位	フォーミュラ	評定平均	頻度順位 (BNC コーパス)	頻度数 (BNC コーパス)	親密度順位 ー頻度順位	語	音節	アルファベット数
285	a long way	4.66	321	1,557	-36	3	3	8
285	take up	4.66	109	4,717	176	2	2	6
287	get away with	4.65	487	824	-200	3	4	11
287	the following	4.65	30	12,963	257	2	4	12
289	a variety of	4.64	126	4,283	163	3	6	10
289	except that	4.64	381	1,296	-92	2	3	10
291	hang on	4.63	244	2,074	47	2	2	6
292	a bit	4.61	14	19,618	278	2	2	4
292	for sale	4.61	361	1,379	-69	2	2	7
294	bring about	4.60	250	2,022	44	2	3	10
294	by means of	4.60	313	1,602	-19	3	3	9
294	hold up	4.60	494	791	-200	2	2	6
294	in return	4.60	288	1,720	6	2	3	8
294	limited to	4.60	369	1,346	-75	2	4	9
294	no doubt	4.60	186	2,791	108	2	2	7
300	a single	4.58	48	8,710	252	2	2	7
300	heard of	4.58	220	2,403	80	2	2	7
300	in terms of	4.58	44	9,881	256	3	3	9
303	just as	4.57	474	869	-171	2	2	6
304	in the first place	4.56	272	1,897	32	4	4	15
304	is to	4.56	19	15,232	285	2	2	4
304	long term	4.56	75	5,831	229	2	2	8
307	most likely	4.55	363	1,376	-56	2	3	10
308	find oneself	4.54	132	3,917	176	2	3	11
308	found to	4.54	242	2,104	66	2	2	7
308	free from	4.54	447	991	-139	2	2	8
308	over the years	4.54	266	1,942	42	3	3	12
308	said to be	4.54	144	3,586	164	3	3	8
313	fond of	4.51	484	831	-171	2	2	6
314	to the point	4.50	344	1,447	30	3	3	10
315	above all	4.49	233	2,212	82	2	3	8
315	even so	4.49	365	1,363	-50	2	2	6
315	to come	4.49	477	862	-162	2	2	6
318	on the grounds	4.48	290	1,713	28	3	3	12
318	set off	4.48	303	1,644	15	2	2	6
318	short of	4.48	265	1,944	53	2	2	7

順位	フォーミュラ	評定平均	頻度順位 (BNC コーパス)	頻度数 (BNC コーパス)	親密度順位 −頻度順位	語	音節	アルファベット数
321	set out	4.47	111	4,624	210	2	2	6
322	go round	4.46	439	1,022	-117	2	2	7
323	might as well	4.44	368	1,348	-45	3	3	11
323	old fashioned	4.44	360	1,393	-37	2	3	12
325	switch on	4.43	267	1,935	58	2	2	8
326	on the market	4.41	463	928	-137	3	4	11
326	on the part of	4.41	260	1,965	66	4	4	11
328	choose to	4.39	167	3,099	161	2	2	8
328	sight of	4.39	258	1,988	70	2	2	7
330	in touch	4.38	170	3,060	160	2	2	7
331	things like that	4.36	421	1,082	-90	3	3	14
332	day to day	4.35	383	1,289	-51	3	3	8
332	provide for	4.35	364	1,370	-32	2	3	10
334	no wonder	4.34	488	820	-154	2	3	8
335	may well	4.33	104	4,931	231	2	2	7
335	prove to be	4.33	273	1,893	62	3	3	9
337	end up	4.32	157	3,285	180	2	2	5
338	have got	4.31	32	12,734	306	2	2	7
339	the sight of	4.30	438	1,024	-99	3	3	10
340	a good deal	4.29	94	5,126	246	3	3	9
341	in question	4.28	270	1,898	71	2	2	10
341	no good	4.28	329	1,528	12	2	2	6
341	the former	4.28	278	1,842	63	2	3	9
344	a question of	4.27	404	1,174	-60	3	4	11
344	have a look	4.27	214	2,464	130	3	3	9
344	quite a lot	4.27	390	1,260	-46	3	3	9
344	seek to	4.27	73	5,937	271	2	2	6
348	go off	4.26	209	2,551	139	2	2	5
349	head to	4.25	441	1,014	-92	2	2	6
349	just about	4.25	307	1,622	42	2	3	9
349	take into account	4.25	177	2,921	172	3	5	15
349	that's it	4.25	194	2,674	155	2	2	8
353	provided that	4.24	414	1,110	-61	2	4	12
354	from time to time	4.23	305	1,627	49	4	4	14
355	a range of	4.22	79	5,651	276	3	3	8
355	amount to	4.22	322	1,556	33	2	3	8

順位	フォーミュラ	評定平均	頻度順位 (BNCコーパス)	頻度数 (BNCコーパス)	親密度順位 －頻度順位	語	音節	アルファ ベット数
355	in the interest of	4.22	462	938	-107	4	6	15
358	have got to	4.21	33	12,270	325	3	3	9
359	contrary to	4.20	378	1,303	-19	2	4	10
359	in full	4.20	292	1,698	67	2	2	6
359	in theory	4.20	429	1,065	-70	2	4	8
359	on the whole	4.20	396	1,238	-37	3	3	10
363	bound to	4.18	226	2,278	137	2	2	7
363	in principle	4.18	350	1,429	13	2	4	11
365	get on with	4.17	327	1,535	38	3	3	9
365	put together	4.17	421	1,082	-56	2	4	11
365	worth of	4.17	379	1,299	-14	2	2	7
368	care to	4.16	397	1,223	-29	2	2	6
368	owing to	4.16	493	793	-125	2	3	7
368	set to	4.16	228	2,258	140	2	2	5
371	in the course of	4.15	205	2,585	166	4	4	13
371	something of a	4.15	408	1,154	-37	3	4	12
373	as follows	4.14	200	2,620	173	2	2	9
373	if so	4.14	334	1,488	39	2	2	4
373	large scale	4.14	311	1,610	62	2	2	10
376	in itself	4.13	277	1,855	99	2	3	8
376	in which case	4.13	472	872	-96	3	3	11
378	for life	4.12	405	1,172	-27	2	2	7
378	for some time	4.12	287	1,725	91	2	3	11
378	this stage	4.12	231	2,223	147	2	2	9
381	in respect of	4.11	178	2,909	203	3	4	11
381	in the event	4.11	174	2,998	207	3	4	10
381	would say	4.11	240	2,128	141	2	2	8
384	at risk	4.10	353	1,419	31	2	2	6
384	not even	4.10	164	3,128	220	2	3	7
380	a degree of	4.00	465	921	-79	3	4	9
386	some more	4.09	325	1,539	61	2	2	8
388	was to	4.07	24	14,366	364	2	2	5
389	but then	4.06	317	1,589	72	2	2	7
389	ever since	4.06	307	1,622	82	2	3	9
391	in view of	4.04	336	1,477	55	3	3	8
392	appeal to	4.03	156	3,299	236	2	3	8

順位	フォーミュラ	評定平均	頻度順位 (BNC コーパス)	頻度数 (BNC コーパス)	親密度順位 一頻度順位	語	音節	アルファ ベット数
392	on the basis	4.03	149	3,515	243	3	4	10
394	allow for	4.02	416	1,105	-22	2	3	8
394	for the sake of	4.02	475	865	-81	4	4	12
396	can tell	4.00	446	1,011	-50	2	2	7
396	let alone	4.00	389	1,261	7	2	3	8
398	by way of	3.98	357	1,404	41	3	3	7
399	that which	3.97	333	1,491	66	2	2	9
400	on board	3.96	292	1,698	108	2	2	7
401	greater than	3.95	298	1,666	103	2	3	11
402	rid of	3.94	233	2,212	169	2	2	5
403	in this respect	3.93	414	1,110	-11	3	3	13
404	a bit of a	3.92	315	1,599	89	4	4	7
404	what if	3.92	450	984	-46	2	2	6
406	a further	3.91	70	6,121	336	2	3	8
407	in the face of	3.90	341	1,457	66	4	4	11
408	faced with	3.88	301	1,658	107	2	2	9
408	lay out	3.88	496	789	-88	2	2	6
408	well being	3.88	489	809	-81	2	2	9
411	bother to	3.87	434	1,046	-23	2	2	8
411	meant to	3.87	243	2,098	168	2	2	7
413	as it were	3.85	449	985	-36	3	3	8
414	at the expense of	3.84	420	1,086	-6	4	5	14
414	or something	3.84	190	2,683	224	2	4	11
416	hand over	3.83	282	1,798	134	2	2	8
417	in favour	3.82	129	4,073	288	2	3	8
417	sort of	3.82	29	13,361	388	2	2	6
419	the whole thing	3.80	440	1,015	-21	3	3	13
420	yet to	3.77	280	1,818	140	2	2	5
421	the above	3.75	201	2,608	220	2	3	8
421	with respect to	3.75	373	1,325	48	3	4	13
423	do so	3.74	302	1,647	121	2	2	4
423	to death	3.74	289	1,714	134	2	2	7
425	touch of	3.73	451	982	-26	2	2	7
426	key to	3.72	331	1,499	95	2	2	5
427	aimed at	3.71	208	2,573	219	2	2	7
428	so called	3.69	176	2,944	252	2	2	8

順位	フォーミュラ	評定平均	頻度順位 (BNC コーパス)	頻度数 (BNC コーパス)	親密度順位 ー頻度順位	語	音節	アルファ ベット数
429	in the light of	3.68	283	1,789	146	4	4	12
430	mind you	3.67	371	1,342	59	2	2	7
431	short term	3.65	207	2,574	224	2	2	9
432	given that	3.64	394	1,247	38	2	2	9
432	to blame	3.64	454	973	-22	2	2	7
434	could hardly	3.63	269	1,911	165	2	2	11
435	consistent with	3.62	375	1,315	60	2	4	14
435	wealth of	3.62	479	844	-44	2	2	8
437	all but	3.61	232	2,214	205	2	2	6
437	to the extent	3.61	392	1,253	45	3	4	11
439	as of	3.60	425	1,069	14	2	2	4
440	of little	3.59	423	1,079	17	2	2	8
440	reflected in	3.59	338	1,471	102	2	4	11
442	to date	3.57	202	2,600	240	2	2	6
442	under way	3.57	461	939	-19	2	3	8
444	as opposed to	3.56	309	1,615	135	3	4	11
444	or whatever	3.56	281	1,806	163	2	4	10
446	give rise to	3.54	310	1,613	136	3	3	10
447	prior to	3.52	166	3,110	281	2	3	7
448	or so	3.48	128	4,164	320	2	2	4
449	come to terms with	3.46	483	839	-34	4	4	15
449	to some extent	3.46	294	1,688	155	3	4	12
451	held that	3.45	300	1,661	151	2	2	8
452	a go	3.44	418	1,093	34	2	2	3
453	run by	3.43	324	1,540	129	2	2	5
454	and all that	3.42	448	989	6	3	3	10
455	in the absence of	3.41	326	1,538	129	4	5	14
455	more so	3.41	470	887	-15	2	2	6
457	shown to	3.40	355	1,409	102	2	2	7
458	no such	3.38	339	1,470	119	2	2	6
459	with a view to	3.37	485	829	-26	4	4	11
460	as yet	3.36	352	1,423	108	2	2	5
460	put forward	3.36	304	1,640	156	2	3	10
462	that much	3.29	285	1,781	177	2	2	8
463	or anything	3.28	361	1,379	102	2	3	10
464	straight away	3.27	492	794	-28	2	3	12

順位	フォーミュラ	評定平均	頻度順位 (BNC コーパス)	頻度数 (BNC コーパス)	親密度順位ー頻度順位	語	音節	アルファベット数
465	act on	3.26	381	1,296	84	2	2	5
466	in so far as	3.24	222	2,344	244	4	4	9
467	in a position to	3.23	476	864	-9	4	5	13
468	all sorts of	3.22	327	1,535	141	3	3	10
468	out there	3.22	211	2,513	257	2	2	8
468	would appear	3.22	427	1,068	41	2	3	11
471	half past	3.20	373	1,325	98	2	2	8
472	entitled to	3.17	165	3,113	307	2	4	10
473	on behalf of	3.16	191	2,679	282	3	4	10
474	or two	3.15	69	6,192	405	2	2	5
475	way out	3.14	376	1,309	99	2	2	6
476	in line with	3.12	395	1,240	81	3	3	10
476	oh dear	3.12	291	1,700	185	2	2	6
478	bear in mind	3.10	359	1,398	119	3	3	10
479	all too	3.09	318	1,571	161	2	2	6
480	oh well	3.04	239	2,129	241	2	2	6
481	the odd	3.03	408	1,154	73	2	2	6
482	better off	3.02	452	980	30	2	3	9
483	led by	2.95	212	2,511	271	2	2	5
484	in one's own right	2.94	468	891	16	4	4	15
484	in the meantime	2.94	407	1,161	77	3	4	13
486	way round	2.93	445	1,013	41	2	2	8
487	sort out	2.92	188	2,696	299	2	2	7
488	in accordance with	2.89	252	2,017	236	3	5	16
489	a handful of	2.81	456	965	33	3	4	10
490	a mere	2.80	354	1,410	136	2	2	5
491	that sort of thing	2.78	481	843	10	4	4	15
492	by virtue of	2.70	458	954	34	3	3	10
493	yet another	2.68	330	1,500	163	2	2	10
494	no sign of	2.65	473	871	21	3	3	8
495	backed by	2.57	478	850	17	2	2	8
496	the extent to which	2.56	286	1,751	210	4	5	16
496	the lot	2.56	496	789	0	2	2	6
498	the outset	2.48	457	963	41	2	3	9
499	third party	2.40	377	1,307	122	2	3	10
500	the bulk of	2.28	455	968	45	3	3	9
501	in conjunction with	2.14	387	1,270	114	3	5	17

謝辞

　早いもので、門田修平先生にご紹介いただき、外国語教育メディア学会(LET)関西支部基礎理論研究部会の例会に初めて参加してから 8 年が経ちます。外国語教育研究を始めたばかりの大学院生であった当時の私にとって、様々な大学の先生方が集まって発表して議論しあう研究会は、知的興奮や新しい可能性に満ちた素晴らしい場として感じられました。

　それから月日が経ち、2018–2019 年度の第 10 次プロジェクトからは恐れ多くも部会長・プロジェクトリーダーとして本研究部会の活動に尽力させていただくことになりました。思い返せば、フォーミュラ研究が始動したのは第 8 次プロジェクト(2014–2015 年度・部会長 杉浦香織先生・副部会長 平井愛先生・事務局長 生馬裕子先生)であり、この間に、関連先行研究の精読や研究計画の策定といった研究の礎が築かれました。続く第 9 次プロジェクト(2016–2017 年度・部会長 磯辺ゆかり先生・事務局長 松田紀子先生)では、複数大学での大規模データ収集やデータ分析に加え、分担作業による国内外の学会発表等の成果がありました。

　漢詩の絶句になぞらえると「起」「承」の次には「転」が来るわけですが、すでに長期化していた本プロジェクトが思わぬ「転」で躓かずにスムーズに「結」に移行できるよう、本プロジェクトのバトンを受け継いで以来、全力で励んで参りました。結果的に、そのプロジェクトの集大成としてここに本書の完成に至ることができた訳でありますが、これはひとえに、プロジェクトメンバーの先生方お一人おひとりのお陰に他なりません。皆様のご協力のおかげで、5 年以上に及ぶフォーミュラについてのプロジェクトの完遂に向けて、着実に歩みを進めることができました。改めて、心より感謝致します。

　本プロジェクトメンバー以外のご貢献いただいた先生方にも深く感謝申し上げます。とくに、2000 年代の本研究部会プロジェクトにおいて英単語親密度研究を率いられ、本書の研究の計画の上で重要な着想の元をご提供いただいた神戸大学の横川博一先生や当時のプロジェクトメンバーの先生方、

2017 年 11 月に本研究部会主催で開催された公開講演会において講師とし
てお招きさせていただいた際に English N-gram List for Japanese Learners
of English（ENL-J）をご作成くださった神戸大学の石川慎一郎先生に深謝い
たします。

　Last but not least, 顧問としていつも示唆に富む貴重なアドバイスをいただ
いた門田修平先生、第 10 次プロジェクト事務局の役割を快く引き受けてく
ださった三木浩平先生・ラフラールイ先生、そして、企画書提出から本書出
版まで適切な助言をいただき、コロナ禍にあっても多大なご尽力をいただい
た、くろしお出版の池上達昭様に厚くお礼を申し上げつつ、本書の謝辞とさ
せていただきます。

　今後の研究部会活動の益々の活性化と読者の皆様のご多幸を祈って。

2020 年 6 月

金澤　佑

外国語教育メディア学会（LET）関西支部

基礎理論研究部会 第 10 次プロジェクトリーダー / 部会長

外国語教育メディア学会（LET）関西支部基礎理論研究部会は、1994 年 12 月に本格的活動を再
開して以来、毎月から隔月のペースで文献の輪読および研究発表を中心とした例会を開催して
おり、研究プロジェクトも既に第 10 次を超える歴史ある研究部会の一つです。本研究部会は、
その名の通り、すぐれた教育実践を支える基礎となる理論的研究を行うことを目的としていま
す。外国語教育に関わる心理言語学や認知心理学などの諸領域を見据えながら、幅広く理論と
実践をつなぐ研究活動を続けています。研究例会は、主に大阪梅田など開催されています。基
礎理論研究に加えて、より門戸の広い研究発表も募集しております。基礎理論研究のみならず
幅広く学際的な領域をカバーしながら、皆さんとの活発な意見交換の場となることを目指して
います。プロジェクトメンバーでない方も大歓迎です。ご興味がございましたら是非例会にお
越しください。

最新情報はこちらから：http://www.let-kansai.org/htdocs/index.php?page_id=74
For information in English, please refer to the webpage below: https://let-kansai-fmt-sig.
blogspot.jp

参照文献

Aitchison, J. (1987). *Words in the mind*. Oxford: Basil Blackwell.

Aitchison, J. (2003). *A glossary of language and mind*. Edinburgh: Edinburgh University Press.

Amano, S., Kondo, T., & Kato, K. (1999). Familiarity effect on spoken word recognition in Japanese. In J. J. Ohala, Y. Hasegawa, M. Ohala, D. Granville, & A. C. Bailey (Eds.), *Proceedings of 14th International Congress of Phonetic Sciences* (pp. 873–876). San Francisco, CA: University of California.

Amano, S., Kasahara, K., & Kondo, T. (2007). Reliability of familiarity rating of ordinary Japanese words for different years and places. *Behavior Research Methods*, *39* (4), 1008–1011.

Baddeley, A. (1990). *Human memory*. London: Lawrence Erlbaum Associates.

Barrett, L. F. (2017). *How emotions are made: The secret life of the brain*. Boston, MA: Houghton Mifflin Harcourt.

Bergson, H. (1911). *L'Évolution créatrice* [*Creative evolution*]. (A. Mitchell, Trans.). New York: Henry Hold and Company. (Original work published 1907)

Biber, D., Johansson S., Leech, G., Conrad, S., & Finegan, E. (1999). *Longman grammar of spoken and written English*. Harlow: Longman.

Bolinger, D. L. (1962). Binomials and pitch accent. *Lingua*, *11*, 34–44.

Bradley, M. M., & Lang, P. J. (1999). Affective norms for English words (ANEW): Instruction manual and affective ratings. Technical Report C-1, The Center for Research in Psychophysiology, University of Florida, Florida, FL.

Bybee, J. (2007). *Frequency of use and the organization of language*. Oxford: Oxford University Press.

Carrol, G., & Conklin, K. (2014). Getting your wires crossed: Evidence for fast processing of L1 idioms in an L2. *Bilingualism: Language and Cognition*, *17* (4), 784–797.

Carrol, G., & Conklin, K. (2020). Is all formulaic language created equal? Unpacking the processing advantage for different types of formulaic sequences. *Language and Speech*, *63* (1), 95–122.

Chafe, W. (1987). Cognitive constraints on information flow. *Coherence and Grounding in Discourse*, *11*, 21–51.

Connine, C. M., Mullennix, J., Shernoff, E., & Yelen, J. (1990). Word familiarity and frequency in visual and auditory word recognition. *Journal of Experimental*

Psychology: Learning, Memory, and Cognition, 16(6), 1084–1096.

Cordier, F., & Ny, J. -F. L. (2005). Evidence for several components of word familiarity. *Behavior Research Methods, 37*(3), 528–537.

Cowie, A. P. (1981). The treatment of collocations and idioms in learners' dictionaries. *Applied Linguistics, 2*(3), 223–235.

Cowie, A. P. (Ed.). (1998). *Phraseology: Theory, analysis, and applications*. Oxford: Oxford University Press.

Craik, F. I. M., & Lockhart, R. S. (1972). Levels of processing. *Journal of Verbal Learning and Verbal Behavior*, 11, 671–684.

DeKeyser, R. M. (2007). *Practice in a second language: Perspectives from applied linguistics and cognitive psychology*. Cambridge: Cambridge University Press.

Dewaele, J. -M., & Dewaele, L. (2017). The dynamic interactions in foreign language classroom anxiety and foreign language enjoyment of pupils aged 12 to 18: A pseudo-longitudinal investigation. *Journal of the European Second Language Association, 1*(1), 12–22.

Divjak, D. (2019). *Frequency in language: Memory, attention and learning*. Cambridge: Cambridge University Press.

Dupoux, E., Kakehi, K., Hirose, Y., Pallier, C., & Mehler, J. (1999). Epenthetic vowels in Japanese: A perceptual illusion? *Journal of Experimental Psychology: Human Perception and Performance, 25*(6), 1568.

Dörnyei, Z., & Ushioda, E. (2011). *Teaching and researching motivation* (2nd ed.). Harlow: Pearson Education.

Ebbinghaus, H. (1885). *Über das Gedächtnis: Untersuchungen zur experimentellen Psychologie* [Memory: A Contribution to Experimental Psychology]. Gloucester, Mass.: Smith; New York: Dover.

Ellis, N. C. (1996). Sequencing in SLA: Phonological memory, chunking, and points of order. *Studies in Second Language Acquisition, 18*(1), 91–126.

Ellis, N., Simpson-Vlach, R., & Maynard, C. (2008). Formulaic language in native and second language speakers: Psycholinguistics, corpus linguistics, and TESOL. *TESOL Quarterly, 42*(3), 375–396.

Erman, B., & Warren, B. (2000). The idiom principle and the open choice principle. *Text, 20*(1), 39–62.

Furukawa, A. (2007). Extensive reading special: Win 3 English books by reading 100 books. November 29, *Daily Yomiuri*, p. 20.

Gardner, R. C. (1985). *Social psychology and second language learning: The role of attitudes and motivation*. London: Edward Arnold.

Godwin-Jones, R. (2010). From memory palaces to spacing algorithms: approaches to second language vocabulary. *Language, Learning & Technology, 14*(2), 4–11.

Hashimoto, B. J., & Egbert, J. (2019). More than frequency? Exploring predictors of word difficulty for second language learners. *Language Learning, 69*(4), 839–872.

Ibbotson, P., & Tomasello, M. (2016). Language in a new key. *Scientific American, 315*(5), 70–75.

Immordino-Yang, M. H. (2016). *Emotions, learning, and the brain.* New York: W. W. Norton & Company.

Isobe, Y. (2011). Representation and processing of formulaic sequences in L2 mental lexicon: How do Japanese EFL learners process multi-word expressions. *JACET Kansai Journal, 13*, 38–49.

Isobe, Y. (2014). *Psycholinguistic reality of formulaic sequences: Evidence from Japanese EFL learners.* Unpublished Ph D. thesis, The Graduate School of Language, Communication, and Culture. Kwansei Gakuin University.

Isobe, Y., Ikuma, Y., Izumi, E., Kadota, S., Kanazawa, Y., Satoi, H., Sugiura, K., Hirai, A., Fujiwara, Y., Hori, T., Matsuda, N., Morishita, M., & Yabuuchi, S. (2016, August). Nihonjin eigo gakushuusha no teikeihyougen shinmitsudo chousa [Research on formulaic sequences of Japanese learners of English]. *Paper presented at the 42th Conference of the Japan Society of English Language Education* (JASELE 2016), Dokkyo University, Saitama, Japan.

Isobe, Y., Kadota, S., Kanazawa, Y., Matsuda, N., & Morishita, M. (2017, September). A study based on a survey of familiarity ratings for multiword sequences among Japanese EFL learners. *Paper presented at the 27th Annual Conference of the European Second Language Association* (EuroSLA 27), University of Reading, Reading, England.

Jiang, N. (2018). *Second language processing.* New York: Routledge.

Jiang, N. A., & Nekrasova, T. M. (2007). The processing of formulaic sequences by second language speakers. *The Modern Language Journal, 91*(3), 433–445.

Kadota, S. (2019). *Shadowing as a practice in second language acquisition: Connecting inputs and outputs.* London: Routledge.

Kanazawa, Y. (2016). Micro-level emotion as a factor of L2 vocabulary memory: The effect of lexical emotional valence on incidental recall performance. *Language Education & Technology, 53*, 23–52.

Kanazawa, Y. (2017). Emotion-Involved Semantic Processing and L2 vocabulary memory: A micro-level emotion manifesto. *Vocabulary Learning and Instruction*, *6*(2), 23–30.

Kanazawa, Y. (2019, August). Evaluating the reliability of the English Formulaic Familiarity Database for Japanese EFL Learners. *Paper presented at the 45th Conference of the Japan Society of English Language Education (JASELE 2019)*, Hirosaki University, Aomori, Japan.

Kanazawa, Y. (2020, February). Digitalizing emotion in foreign language formulaic processing and learning: Development of an affective formulaic list and its e-learning application in tertiary EFL education. *Paper presented at Colloque Thématique de l'Association Suisse de Linguistique Appliquée: La Linguistique Appliquée à l'Ère Digitale (VALS-ASLA2020)*, Université de Neuchâtel, Neuchâtel, Switzerland.

Kashiwagi, K. (2012). Children's form-meaning connections to verb phrases and exemplar-based learning in Japanese elementary school. *Annual Review of English Language Education in Japan*, *23*, 17–32.

King, K. A., & Mackey, A. (2016). Research methodology in second language studies. *The Modern Language Journal*, *100*, 219–227.

Krashen, S. (1982). *Principles and practice in second language acquisition*. Oxford, UK: Pergamon.

Krashen, S. (1985). *The input hypothesis: Issues and implications*. London: Longman.

Kreuz, R. J. (1987). The subjective familiarity of English homophones. *Memory & Cognition*, *15*(2), 154–168.

Kuhl, P., Tsao, F. M., & Liu, H. M. (2003). Foreign-language experience in infancy: Effects of short-term exposure and social interaction on phonetic learning. *Proceedings of the National Academy of Sciences (PNAS) of the United States of America*, *100*(15), 9096–9101.

Lafleur, L. (2015). The Conceptualization of Balanced and Multifaceted Vocabulary Learning Systems (M.A.). Available on researchgate.net. doi:10.13140/ RG.2.2.22161.84327/1

Langacker, R. W. (1987). *Foundations of cognitive grammar*. Stanford, CA: Stanford University Press.

Langacker, R. W. (1990). *Concept, image, and symbol: The cognitive basis of grammar*. Berlin and New York: Mouton de Gruyter.

Larson-Hall, J. (2010). *A guide to doing statistics in second language research using SPSS*. New York, NY: Routledge.

Le-Thi, D., Dörnyei, Z., & Pellicer-Sánchez, A. (2020). Increasing the effectiveness of teaching L2 formulaic sequences through motivational strategies and mental imagery: A classroom experiment. Language Teaching Research. Advanced online publication. https://doi.org/10.1177/1362168820913125

LeDoux, J. (1996). *The emotional brain: The mysterious underpinnings of emotional life*. New York: NY: Simon and Schuster.

Lee, N., Mikesell, L., Joaquin, A. D. L., Mates, A. W., & Schuman, J. H. (2009). *The interactional instinct: The evolution and acquisition of language*. New York: Oxford University Press.

Leitner, S. (1972). So lernt man lernen: Der Weg zum Erfolg [How to learn to learn: The road to success], Freiburg i. Br. 1972/2003

Levelt, W. J. M. (1989). *Speaking*. Cambridge, MA: MIT.

Lewellen, M. J., Goldinger, S. D., Pisoni, D. B., & Greene, B. G. (1993). Lexical familiarity and processing efficiency: Individual differences in naming, lexical decision, and semantic categorization. *Journal of Experimental Psychology: General, 122*(3), 316–330.

Li, J., & Schmitt, N. (2009). The acquisition of lexical phrases in academic writing. *Journal of Second Language Writing, 18*, 85–102.

MacIntyre, P. D., & Gardner, R. C. (1989). Anxiety and second-language learning: Toward a theoretical clarification. *Language Learning, 39*(2), 251–275.

Malkiel, Y. (1959). Studies in irreversible binomial. *Lingua, 8*, 113–160.

Martinez, R., & Schmitt, N. (2012). A phrasal expressions list. *Applied Linguistics, 33*(3), 299–320.

McAllister, R., Flege, J., & Piske, T. (2002). The influence of the L1 on the acquisition of Swedish vowel quantity by native speakers of Spanish, English and Estonian. *Journal of Phonetics, 30*(2), 229–258.

Miller, G. (1956). The magical number seven, plus or minus two: Some limits on our capacity for processing information. *The psychological Review*, 63, 81–97.

Moon, R. (1998). *Fixed expressions and idioms in English: A corpus-based approach*. Oxford University Press.

Nation, I. S. P. (2013). *Learning vocabulary in another language*, 2nd ed. Cambridge: Cambridge University Press.

Nation, I. S. P. (2016). *Making and using word lists for language learning and testing*. Amsterdam: John Benhamins.

Nation, P. (2014). How much input do you need to learn the most frequent 9,000 words? *Reading in a Foreign Language, 26*, 1–16.

Nattinger, J. R., & DeCarrico, J. S.（1992）. *Lexical phrases and language teaching*. Oxford: Oxford University Press.

Nomura, J., & Ishikawa, K.（2018）. Effects of first language processes and representations on second language perception: The case of vowel epenthesis by Japanese speakers.*International Journal of Bilingualism*, *22*（1）, 69–87.

Oxford, R. L.（1990）. *Language learning strategies: What every teacher should know*. Boston, MA: Heinle & Heinle.

Pavlenko, A.（2013）. The affective turn in SLA. In D. Gabryś-Barker & J. Bielska （Eds.）, *The affective dimension in second language acquisition*（pp. 3–28）. Bristol, England: Multilingual Matters.

Pawley, A. & Syder, F. H.（1983）. Two puzzles for linguistic theory: Nativelike selection and nativelike fluency. In J. C. Richards & R. W. Schmidt（Eds.）, *Language and communication*（pp. 191–226）. London and New York: Longman.

Pawley, A., & Syder, F. H.（2000）. The one-clause-at-a-time hypothesis. In H. Riggenbach（Ed.）, *Perspectives on fluency*. Michigan: University of Michigan Press.

Peirce, C. S.（1958）. On signs and the categories. In A. W. Burks（Ed.）, *Collected papers of Charles Sanders Peirce*（Vols. 7–8; Paras. 8.327-8.341）. Cambridge, MA: Harvard University Press.（Original letter written 1904）

Peters, A. M.（1977）. Language-learning strategies: Does the whole equal the sum of the parts? *Language*, *53*（3）, 560–573.

Pinker, S.（1994）. *The language instinct: How the mind creates language*. New York: Harper Collins.［ピンカー，スティーブン（1995）『言語を生みだす本能〈上〉』（椋田直子（訳））東京：日本放送協会（NHK ブックス）］

Ross, J. R.（1976）. *The sound of meaning*. Unpublished mimeograph, Department of Linguistics, MIT.

Schmitt, N.（2008）. Instructed second language vocabulary learning. *Language Teaching Research*, *12*（3）, 329–363.

Schuetze, U., & Weimer-Stuckmann, G.（2010）. Virtual vocabulary: Research and learning in lexical processing. *CALICO Journal*, *27*, 517–528.

Schuetze, U. & Weimer-Stuckmann, G.（2011）. Retention in SLA lexical processing. *CALICO Journal*, *28*（2）, 460–472.

Schumann, J. H.（1997）. *The neurobiology of affect in language*. Oxford: Blackwell.

Schumann, J. H.（2010）. Applied linguistics and the neurobiology of language. In R. B. Kaplan（ed.）, *The Oxford handbook of applied linguistics*, 2nd ed.（pp. 244–

259). Oxford: Oxford University Press.

Schütze, U. (2017). *Language learning and the brain*. Cambridge: Cambridge University Press.

Sharwood Smith, M. & Truscott, J. (2014). *Multilingual mind*. Cambridge: Cambridge University Press.

Shin, D., & Nation, P. (2008). Beyond single words: The most frequent collocations in spoken English. *ELT Journal*, 62(4), 339–348.

Sidtis, D. V. L. (2012). Two-track mind: Formulaic and novel language support a dual-process model. F. Miriam (Ed.), *Advances in the neural substrates of language: Toward a synthesis of basic science and clinical research* (pp. 342–367). Oxford: Wiley-Blackwell.

Simpson-Vlach, R., & Ellis, N. C. (2010). An academic formulas list: New methods in phraseology research. *Applied Linguistics*, 31, 487–512.

Sinclair, J. M. (1991). *Corpus, concordance, collocation*. Oxford: Oxford University Press.

Siyanova-Chanturia, A., & Pellicer-Sánchez, A. (2019). Understanding formulaic language: *A second language acquisition perspective*. New York: Routledge.

Spinoza, B. D. (1677). Ethica. [The Ethics]. (R. H. M. Elwes, Trans.). Retrieved from http://www.gutenberg.org/files/3800/3800-h/3800-h.htm

Swain, M. (2013). The inseparability of cognition and emotion in second language learning. *Language Teaching*, 46(2), 195–207.

Tabossi, P., Fanari, R., & Wolf, K. (2009). *Why are idioms recognized fast? Memory and Cognition*, 37(4), 529–540.

The National Reading Panel. (2000). Reports combination of teaching phonics, word sounds, giving feedback on oral reading most effective way to teach reading. Retrieved December 07, 2014 from http://www.nih.gov/news/pr/apr2000/nichd-13.htm

Tomasello, M. (2003). *Constructing a language: A usage-based theory of language acquisition*. Cambridge: Harvard University Press. [辻幸夫ほか(訳)『ことばをつくる：言語習得の認知言語学的アプローチ』東京；慶應義塾大学出版会.]

Tomasello, M. (2009). *Why we cooperate*. Cambridge: MIT Press. [橋彌和秀(訳)『ヒトはなぜ協力するのか』東京：勁草書房.]

Tremblay, A., & Baayen, H. (2010). Holistic processing of regular four-word sequences: A behavioural and ERP study of the effects of structure, frequency, and probability on immediate free recall. In D. Wood (Ed.), *Perspectives on formulaic language: Acquisition and communication* (pp. 151–173). London:

Continuum.

Tremblay, A., Derwing, B., Libben, G., & Westbury, C. (2011). Processing advantages of lexical bundles: Evidence from self-paced reading and sentence recall tasks. *Language Learning*, 61(2), 569–613.

Truscott, J. (2015). Consciousness and second language learning. Bristol, England: Multilingual Matters.

Vygotsky, L. (1986). *Мышление и речь* [Thought and language]. (A. Kozulin, Trans.). Cambridge, MA: The MIT Press. (Original work published 1934)

Warriner, A. B., Kuperman, V., & Brysbaert, M. (2013). Norms of valence, arousal, and dominance for 13,915 English lemmas. *Behavior Research Methods*, 45(4), 1191–1207.

Webb, S. (Ed.) (2019). *The Routledge handbook of vocabulary studies*. New York: Routledge.

Wray, A. (2002). *Formulaic language and the lexicon*. Cambridge: Cambridge University Press.

Wray, A. (2008). *Formulaic language*. Oxford: Oxford University Press.

Wray, A. (2012). What do we (think we) know about formulaic language? An evaluation of the current state of play. *Annual Review of Applied Linguistics*, 32, 231–254.

Wray, A. (2019). Concluding question: Why don't second language learners more proactively target formulaic sequences? In A. Siyanova-Chanturia, & A. Pellicer-Sánchez (Eds.), *Understanding formulaic language: A second language acquisition perspective* (pp. 248–269). New York: Routledge.

Wray, A. & Perkins, M. R. (2000). The functions of formulaic language: an integrated model.*Language & Communication*, 20, 1–28.

Yabuuchi, S. & Satoi, H. (1999). Phonological structure of binomial nouns. Kansai Linguistic Society Proceedings of the Twenty-Third Annual Meeting, 142–152.

赤池秀代(2018).「黙って聞いている生徒と Kuhl 等の実験」『英語教育』67(7), 49.

天野成昭・近藤公久(編)(1999).『日本語語彙特性　第1巻』NTT データベースシリーズ．東京：三省堂.

天野成昭・笠原要・近藤公久(編)(2008).『日本語語彙特性　第9巻』NTT データベースシリーズ．東京：三省堂.

石川慎一郎(2017).「日本人学習者のための英語連語リスト English N-gram List for Japanese Learners of English（ENL-J）」http://language.sakura.ne.jp/s/voc.html

石川慎一郎（2019）.「英語教育における連語：ターゲット・インプット・アウトプットの三元コーパス分析をふまえた English N-gram List for Japanese Learners of

English（ENL-J）の開発と利用」赤野一郎先生古希記念論文集編集委員会（編）『言語分析のフロンティア』pp. 32–47. 東京：金星堂.

泉惠美子・門田修平(2016)．『英語スピーキング指導ハンドブック』東京：大修館書店.

磯辺ゆかり(2012)．「L2 メンタルレキシコンにおける定型連鎖の心理的実在性について：音読データにもとづく考察」『外国語教育メディア学会機関誌』*49*, 121–141.

磯辺ゆかり・生馬裕子・泉惠美子・門田修平・金澤佑・里井久輝・杉浦香織・平井愛・藤原由美・堀智子・松田紀子・森下美和・籔内智(2016)．「日本人英語学習者の定型表現親密度調査」全国英語教育学会第 42 回埼玉研究大会，2016 年 08 月 20 日.

板垣信哉(2017)．「小中高等学校の英語教育の接続：定型表現依存型運用能力から文法規則依存型運用能力へ」『宮城教育大学外国語研究論集』9, 21–31.

弥永啓子(2010)．「英単語親密度を利用した語彙力診断テストの有効性の検証：大学における日本人初・中級英語学習者の受容語彙習得レベルのより良い記述を目指して」『京都橘大学研究紀要』*36*, 49–70.

ヴァンリエ，レオ(2009)．『生態学が教育を変える』（宇都宮裕章(訳)）岡山：ふくろう出版.

門田修平(2018)．『外国語を話せるようになるしくみ』東京：SB クリエイティブ.

門田修平・野呂忠司・長谷尚弥・氏木道人(2014)．『英単語運用力判定ソフトを使った語彙指導』東京：大修館書店.

金澤佑(2018)．「情動と認知をつなぐミクロレベル情動関与処理：考えるだけでなく，感じよう」『英語教育』*67*(10), 70–71.

川﨑眞理子・金澤佑・表谷純子・高瀬敦子・伊藤佳世子・門田修平(2018)．「第二言語リーディングの指導と学習」*JACET Kansai Journal, 20*, 69–80.

鄭嫣婷 (2013)．「コミュニケーション場面からの第二言語習得：脳科学的知見から」ことばの科学会 2013 年度オープンフォーラム．大阪：関西学院大学.

鄭嫣婷・川島隆太 (2013)．「使える英語はコミュニケーション活動から」『英語教育』*62*(10), 30–31.

杉浦香織　泉惠美子・里井久輝・平井愛・藤原由美・堀智子・籔内智(2017)．「日本人英語学習者の定型表現親密度：習熟度別観点からの分析」全国英語教育学会第 43 回島根研究大会, 2017 年 8 月 20 日.

鈴木寿一・門田修平(2018)．『英語リスニング指導ハンドブック』東京：大修館書店.

谷明信・堀池保昭・杉森直樹・冨田かおる(2002)．「コーパスによる英語句動詞研究：応用言語学的観点から」『実技教育研究』16, 31–37. 兵庫教育大学.

ダマジオ，アントニオ(2010)．『デカルトの誤り』（田中三彦(訳)）東京：筑摩書房.

チオンピ，ルック(2005).『基盤としての情動』（山岸洋ほか(訳)）東京：学樹書院.

中央教育研究所(2016).「平成 28 年度版中学校英語教科書における語彙調査」研究報告 No.86 平成 28 年 5 月公益財団法人中央教育研究所.

豊田弘司(2016).「学習と記憶実験」太田信夫・佐久間康之(編)『英語教育学と認知心理学のクロスポイント』pp. 23–36. 京都：北大路書房.

中田達也 (2019).『英単語学習の科学』東京：研究社.

長嶺寿宣(2014).「言語教師認知研究の最近の動向」笹島茂・西野孝子・江原美明・長嶺寿宣(編)『言語教師認知の動向』pp. 16–32. 東京：開拓社.

西田理恵子ほか(2018).「動機づけ研究の最前線」『英語教育』67(3), 9–32.

西出公之(2009).「英単語 8000 の親密度測定の妥当性」『都留文科大学研究紀要』70, 49–68.

西出公之・水本篤(2009).「英単語 8000 語についての親密度測定の試み」『都留文科大学大学院紀要』13, 57–92.

野村恵造(編)(2018).『コアレックス英和辞典 第 3 版』東京：旺文社.

福田正治(2006).『感じる情動・学ぶ感情：感情学序説』京都：ナカニシヤ出版.

ホワイトヘッド，アルフレッド(1929/1986).『教育の目的』森口兼二・橋口正夫(訳). 京都：松籟社.

水本篤(編)(2017).『ICT を活用した英語アカデミック・ライティング指導：支援ツールの開発と実践』東京：金星堂.

文部科学省(2017a).『学習指導要領解説小学校外国語編』

文部科学省 (2017b).『学習指導要領解説中学校外国語編』

籔内智(2002).「Binomials 表現の音韻構造を探る」言語文化共同研究プロジェクト 2001『ことばと反復』大阪大学言語文化部・大阪大学大学院言語文化研究科, 47–57.

横川博一(編)(2006).『日本人英語学習者の英単語親密度 文字編：教育・研究のためのデータベース』東京：くろしお出版.

横川博一(編)(2009).『日本人英語学習者の英単語親密度 音声編：教育・研究のためのデータベース』東京：くろしお出版.

索　引

執筆者一覧：LET 関西支部基礎理論研究部会第 10 次プロジェクトメンバー

生馬 裕子	（大阪教育大学）	第 2 部第 1 章
泉 惠美子	（関西学院大学）	第 5 部第 2 章
磯辺 ゆかり	（京都精華大学）	第 1 部第 1 章／第 1 部第 2 章／第 4 部第 2 章
門田 修平	（関西学院大学）	終章／エピローグ
金澤 佑	（関西学院大学）	序章／第 2 部第 1 章／第 3 部第 2 章／第 4 部第 1 章／第 4 部第 3 章／基本文献紹介／付録編集／謝辞／ダウンロードフォーム／全体的調整・校閲
里井 久輝	（龍谷大学）	第 5 部第 1 章
杉浦 香織	（立命館大学）	第 3 部第 3 章／第 5 部第 1 章
平井 愛	（神戸学院大学）	第 2 部第 1 章
堀 智子	（順天堂大学）	第 3 部第 3 章
松田 紀子	（近畿大学）	第 3 部第 1 章
三木 浩平	（追手門学院大学）	第 4 部第 2 章
森下 美和	（神戸学院大学）	第 2 部第 2 章
籔内 智	（京都精華大学）	第 3 部第 3 章／第 5 部第 1 章
ラフラー ルイ	（立命館大学）	第 5 部第 3 章／英文校正

（合計 14 名：五十音順）

フォーミュラ親密度データ収集担当者

生馬 裕子／泉 惠美子／磯辺 ゆかり／門田 修平／金澤 佑／里井 久輝／
平井 愛／藤原 由美／松田 紀子／森下 美和／籔内 智

（合計 11 名：五十音順）

編者紹介

金澤 佑（かなざわ ゆう）

1989 年生まれ。関西学院大学国際学部 講師。博士（言語コミュニケーション文化）。外国語メディア教育学会（LET）関西支部基礎理論研究部会 部会長兼プロジェクトリーダー（2018 年 4 月〜継続中）。大学英語教育学会（JACET）関西支部 研究企画委員。専門は、応用言語学（情動）・第二言語習得（語彙）・外国語教育・認知心理学・感情心理学。第 12 回（2017 年度）外国語教育メディア学会賞・新人奨励賞受賞。

【主著・論文】

「Micro-level emotion as a factor of L2 vocabulary memory」『Language Education & Technology』Vol. 53（単著, 2016 年），「第二言語リーディングの指導と学習」『JACET 関西支部紀要』第 20 号（共著, 2018 年），「情動と認知をつなぐミクロレベル情動関与処理」『英語教育』第 67 号第 10 巻 [12 月号]（単著, 大修館書店, 2018 年），「The fall of motivation, the rise of emotion」『Taking Risks in Applied Linguistics』（単著, 2019 年）など多数

フォーミュラと外国語学習・教育
定型表現研究入門

初版第 1 刷 ———— 2020年 9月 25日

編　者 ————— 金澤 佑

発行人 ————— 岡野 秀夫

発行所 ————— 株式会社 くろしお出版
　　　　　　　〒102–0084　東京都千代田区二番町4–3
　　　　　　　tel 03–6261–2867　fax 03–6261–2879　www.9640.jp

印刷・製本　藤原印刷　　装　丁　庄子結香

ISBN 978-4-87424-834-8 C3080